AF410741

DE LA

FORCE DU DROIT

ET DU

DROIT DE LA FORCE.

Paris. — Typographie de Firmin Didot frères, rue Jacob, 56.

DE LA
FORCE DU DROIT
ET DU
DROIT DE LA FORCE,

OU

DE LA RESTAURATION DU DROIT DIVIN DANS L'ORDRE SOCIAL

ET DU DROIT NATIONAL DANS L'ORDRE POLITIQUE.

PAR E. DE VALMY,

ANCIEN DÉPUTÉ.

DEUXIÈME ÉDITION.

PARIS,

CHEZ JACQUES LECOFFRE ET CIE, LIBRAIRES,

RUE DU VIEUX-COLOMBIER, 29.

CI-DEVANT RUE DU POT DE FER ST.-SULPICE, 8.

1850.

TABLE DES MATIÈRES.

PREMIÈRE PARTIE.

QUESTIONS NATIONALES.

SECONDE PARTIE.

QUESTIONS INTERNATIONALES.

FIN DE LA TABLE.

AVERTISSEMENT

DES ÉDITEURS.

La première édition de cet ouvrage a été rapidement épuisée. La hauteur des vues, l'élévation des pensées qui en font le principal caractère, semblaient nous faire une loi de le réimprimer dans le format sous lequel nous l'avons d'abord présenté au public; mais un grand nombre de personnes nous ont sollicité d'en faire une édition plus populaire, plus facile à répandre. Nous nous y sommes décidés volontiers dans l'espoir de produire un plus grand bien. En effet, peu de livres renferment des vérités plus utiles que cet écrit de M. le duc de Valmy. Il donne la seule solution possible des problèmes redoutables de ce temps-ci. Rétablir le droit divin dans l'ordre social, c'est à-dire prendre pour règle dans le gouvernement des peuples les lois que Dieu même a révélées à l'homme en le créant pour vivre en société ; rétablir le droit national dans les pays où il a été violé, et, pour la France en particulier, revenir à ces traditions qui ont fait sa fortune et sa gloire pendant tant de siècles. Par là seulement nous éviterons de tomber dans l'abîme qui semble ouvert sous nos pas. Ce n'est pas en vain que les peuples peuvent nier les lois révélées qui sont nécessaires à l'existence même des sociétés ; ce n'est pas en vain qu'ils peuvent renoncer aux lois fondamentales où ils ont puisé leur bonheur. Puisse la France comprendre ces vérités !

AVANT-PROPOS.

On a publié, depuis quelque temps, de très - beaux écrits sur l'organisation des sociétés, des écrits qui semblaient appelés à réussir par leurs imperfections elles-mêmes : c'est ainsi qu'en parlant de la propriété, et en passant sous silence le droit divin qui la constitue, on a flatté, par cette prétérition volontaire ou involontaire, l'esprit rationaliste de notre époque.

Cependant, depuis que ces écrits ont paru, le droit de la propriété et de la famille n'a pas gagné du terrain; au contraire, le prétendu droit d'abolition de la famille et de la propriété a fait des progrès ; à tel point qu'on peut nous demander : « A quoi bon un livre de plus ? » A quoi bon ? Nous allons le dire. La plupart des écrivains qui ont défendu l'ordre social se sont appuyés sur des considérations d'utilité, au lieu de s'appuyer sur des principes ; ils ont voulu démontrer, à ceux qui ne possèdent rien, que leur bien-être était dépendant et solidaire du bien-être de ceux qui possèdent beaucoup. C'était opposer des calculs aux calculs de MM. Proudhon et Pierre Leroux, mais c'était accepter un point de départ commun ; c'était nier les conséquences, en admettant le principe ; c'était faire, sans le vouloir, du socialisme éclectique.

Nous ne nous exposerons pas à une semblable méprise ; nous oserons attaquer en face le principe du socialisme, et proclamer hautement les vérités sur lesquelles doit reposer l'ordre social.

Nous agirons de même à l'égard des questions politiques : nous remonterons jusqu'aux premières sources de l'erreur ; nous n'attaquerons pas la révolution dans les désordres matériels que tout le monde blâme, ni même dans les égarements que l'expérience a plus ou moins condamnés ; nous attaquerons les principes que l'on trouve bons, et dont on croit n'avoir à redouter que les abus ; nous pénétrerons jusque dans le sanctuaire de la révolution, à travers les illusions généreuses qui en défendent l'accès, et nous déchirerons les voiles qui cachent de trop réelles infirmités.

On dira peut-être que la France est révolutionnaire ; que le parti de l'ordre lui-même est attaché aux principes qui, depuis cinquante ans, ont renversé tous les pouvoirs, et qu'il faut se résigner plutôt que de faire entendre d'inutiles avertissements.

Si le parti de l'ordre était éclairé, s'il comprenait les moyens d'améliorer la condition sociale de notre pays, ce livre serait inutile.

1.

C'est précisément parce que le parti de l'ordre est aveugle; c'est parce qu'il s'égare dans une voie qui conduit à la décadence de la civilisation et à la ruine de tous les intérêts, que ce livre est nécessaire.

Ce qui est vraiment inutile, c'est le temps qu'on perd à développer des principes qui conduisent à la mort. Subordonner le remède aux caprices du malade, ce n'est qu'un moyen de le tromper, et de vivre à ses dépens; si on veut le guérir, il ne faut pas craindre de lui déplaire et de lui dire la vérité. C'est cette tâche que nous avons entreprise; nous ne sèmerons pas l'ivraie où nous voulons recueillir le froment : nous oserons sarcler, d'une main hardie, le fonds où la révolution et le socialisme ont pris naissance, et, Dieu nous venant en aide, préparer à notre malheureux pays une meilleure moisson!

PREMIÈRE PARTIE.

—

QUESTIONS NATIONALES.

QUESTIONS NATIONALES.

I.

OU EST LE MAL ? — OU EST LE REMÈDE ?

Divisions des partis. — Souveraineté illimitée de la raison. — Anarchie de l'esprit humain.

Au milieu de la confusion d'idées et de principes, de passions et d'intérês, de partis anciens et nouveaux qui troublent si profondément la société, il y a çependant une question sur laquelle tout le monde est d'accord ; il y a une vérité reconnue par les socialistes de tous les camps et par les conservateurs de toutes les nuances, par le pauvre et

par le riche, par le savant et par l'ignorant : cette
vérité, c'est que la société est atteinte d'un mal
profond, tellement profond, qu'on désespère de
la sauver, si le mal n'est pas bientôt vaincu par
d'héroïques remèdes.

Mais quel est ce mal?

Ici commencent les plus étranges et les plus
douloureux dissentiments. Il y a des hommes qui
osent dire que le mal est dans l'organisation sociale elle-même, dans l'existence de la religion,
de la famille et de la propriété; des hommes qui
demandent, avec une sauvage impatience, que les
principes vénérés par les générations les plus barbares comme les plus éclairées soient violemment
détruits et foulés aux pieds par une aveugle mul-
titude.

Il y a d'autres hommes qui se lèvent au premier
cri d'alarme de la société menacée, et qui offrent
leur vie pour la défendre; mais ces amis si nobles,
ces esprits si patriotiques, ces cœurs si éprouvés,
ne sont dévoués en commun qu'à une stérile négation. Ils s'entendent bien quand il s'agit d'exposer leur poitrine aux coups de l'ennemi; mais quand
il s'agit de préciser les principes qu'il faut soutenir
et ceux qu'il faut repousser, ils cessent d'être d'accord, et chacun prétend avoir le droit de se ranger
sous un drapeau opposé.

Toutefois, ne soyons pas trop sévères à l'égard

de notre génération. Égarée par les leçons des écrivains les plus éminents, flattée par tous ceux qui ont voulu la dominer, comment aurait-elle résisté à ses perpétuelles séductions? Chacun de nous, appuyé sur une raison déclarée souveraine, n'avait-il pas le droit de faire un choix entre les gouvernements qui ont promis tour à tour de servir les intérêts de la patrie?

Si la Providence est venue renverser inopinément les constitutions auxquelles une aveugle confiance avait promis de longues destinées, la rapidité même avec laquelle les essais de tant de formes politiques ont été interrompus a permis de dire qu'ils étaient inachevés. D'un autre côté, la France elle-même, en se soumettant à un nouvel essai des principes et des formes de gouvernement que l'histoire avait le plus sévèrement condamnés, a encouragé les esprits à renier les leçons de l'expérience, et, par cette condescendance inouïe, elle a donné aux partisans des principes qui ont laissé des souvenirs moins douloureux, l'incontestable droit d'attendre le jour où il leur sera permis de tenter eux-mêmes une nouvelle épreuve.

Le mal n'est pas dans ces espérances excusables, ni même dans cette division trop naturelle des partis; il est dans les principes qui sont la raison fatale de ces espérances et de ces divisions, c'est-à-dire, dans les doctrines que la philosophie rationa-

liste a répandues, et dans les séduisantes utopies
que l'infatuation du dernier siècle a opposées aux
vérités reconnues par les siècles précédents; il
est, en un mot, dans le principe le plus cher à
notre orgueil, dans le principe de l'infaillibilité de
la raison, de cette infaillibilité honteuse qui n'ose
pas s'avouer, et qui se fait appeler, dans l'école rationaliste, la liberté de penser.

La liberté de penser! nul ne songe à la contester; mais ce n'est pas de la liberté de penser qu'il
s'agit ici, c'est de la licence. La liberté de nier tous
les principes, d'en proclamer sans cesse de nouveaux, de douter le lendemain de ceux qu'on a
proclamés la veille, ou de faire un choix entre ces
principes incertains et opposés pour en construire
un monument d'éclectisme, cette liberté sans limites, c'est l'anarchie. Pourquoi la raison aurait-
elle le privilége de s'affranchir de toute espèce de
règle? Est-ce que la raison est une puissance in-
faillible? Dans quel temps a-t-elle prouvé son infaillibilité, et par qui a-t-elle été reconnue? Est-ce
que la raison s'est jamais inclinée devant elle-
même? Est-ce que la raison du lendemain n'a pas
dédaigné la raison de la veille? Est-ce que les temples de ce nouveau dieu ne sont pas jonchés des
idoles brisées que les générations précédentes
avaient adorées?

Respectons la raison, ne souffrons pas qu'on

éteigne ce reflet humain de la lumière divine ; mais n'oublions pas que cette lumière, d'origine mystérieuse, peut incendier le monde en voulant l'éclairer.

Si les lois éternelles qui régissent le cours des astres étaient tout à coup suspendues, l'univers retomberait dans le chaos ainsi : que la matière, l'intelligence est soumise à des lois qu'elle ne peut violer sans tomber aussi dans le néant. Ne semble-t-il pas, en effet, que, depuis le jour où la raison a fait rendre à son infaillibilité un culte profane, elle ait été dépouillée de la faculté surnaturelle dont son nom est l'expression humaine, et condamnée, par un juste anathème, à errer dans les champs de la dégradation intellectuelle, comme ce peuple qui, lui aussi, était d'origine divine, et qu'un arrêt sans appel condamne à porter en tous lieux la peine de son orgueilleuse incrédulité?

Les plus coupables aujourd'hui ne sont pas ceux qu'on pense : les socialistes ne sont pas les auteurs du mal, ils sont tout simplement logiciens; logiciens cruels, logiciens impitoyables pour la gloire des libres penseurs, et cependant logiciens moins cruels et moins impitoyables pour la société que ces libres penseurs qui ont promis de la régénérer en proclamant la licence et l'anarchie de la raison, et qui n'ont été que les timides précurseurs de tous ceux qui voudront faire du désordre avec leurs principes.

Qu'il soit permis de le redire encore : il ne s'agit pas de désavouer la liberté de l'esprit humain, mais sa licence ; il ne s'agit pas de nier la raison universelle, mais la raison égarée de notre siècle : elle seule a fait le mal, elle seule peut le réparer. Il s'agit donc de solliciter cet ange déchu, cette victime enivrée de l'adulation des libres penseurs ; d'ouvrir les yeux aux vérités sociales que la révélation divine nous a enseignées, et aux vérités politiques que la main généreuse de la Providence avait écrites dans l'histoire des révolutions accomplies sous les yeux de nos pères, et qu'elle semble avoir voulu écrire de nouveau dans les bouleversements immenses dont nous avons tous été acteurs ou témoins.

Là est le remède, là est le salut de la société.

Aujourd'hui chacun demande que la révolution finisse ; ceux mêmes qui l'ont fomentée sont les plus ardents à en demander le terme.

Mais qu'est-ce que la révolution ?

Est-ce le renversement de la monarchie en 1830 ou en 1848 ? est-ce la république ? est-ce le suffrage universel ? est-ce le socialisme ? Il n'y a pas deux écrivains qui s'entendent à ce sujet dans le grand parti de l'ordre. La définition de la révolution est encore à trouver.

Voici celle qui nous a paru la plus vraie , et que nous livrons avec confiance à l'examen des hommes de bonne foi.

Le principe de la révolution , c'est cette liberté de penser que nous venons de définir, c'est cette liberté sans règles et sans limites, qui aboutit tôt ou tard à la licence et à l'anarchie dans l'ordre religieux, social et politique. La révolution elle-même n'est autre chose qu'un État plus ou moins avancé de licence et d'anarchie sous ce triple rapport.

Si on veut que la révolution finisse, il suffit de donner des règles à la liberté de penser, il suffit que la raison impose des limites à sa périlleuse souveraineté.

Mais qui donnera ces règles? Voilà le problème que nous allons examiner ici. Il va sans dire que la question religieuse est au-dessus de toute discussion ; il y a dix-huit siècles qu'elle a été résolue. Les questions sociales et politiques seront seules l'objet des chapitres suivants.

II.

PRINCIPES SOCIAUX ET POLITIQUES.

**Distinction fondamentale. — Origine divine du contrat social.
— Origine traditionnelle du contrat politique.**

———

La plupart des écrivains et des législateurs qui ont cherché les moyens d'établir l'ordre dans les sociétés, ont confondu les questions d'ordre social et les questions d'ordre politique. L'auteur du *Contrat social* est tombé plus profondément qu'aucun autre dans cette confusion, en discutant pêle-mêle, dans son livre, les principes sociaux et les principes politiques.

Si l'on veut découvrir avec certitude les véritables principes de l'organisation des États, il faut distinguer les deux natures de rapports qui existent dans toutes les sociétés humaines.

Il y a entre les hommes des rapports nécessaires

2.

et inévitables, qui dérivent des lois physiques de leur existence. Il y aura toujours des pères et des fils, des mères et des épouses, des vieillards et des enfants; de là des rapports impérieux d'affection et d'assistance réciproque.

Celui qui a créé ces saintes et inévitables relations devait en même temps énoncer les principes qui pouvaient les harmoniser; le Créateur n'a pas refusé à l'homme cet enseignement. Il avait écrit d'abord dans le secret de la conscience les instincts qui devaient la guider, et il aurait pu l'abandonner aux inspirations naturelles de cette première révélation; mais il a voulu, dans sa divine sollicitude, révéler sous une forme plus saisissable les principes qui devaient régler les rapports nécessaires de l'humanité. C'est alors que Moïse est venu apporter, au peuple qui avait été choisi pour servir d'exemple à tous les autres, les principes sociaux gravés sur la table sainte, où la main du Tout-Puissant avait écrit les principes religieux; et la loi révélée sur le mont Sinaï, après avoir rappelé à l'homme ses devoirs envers son Créateur, a formulé les devoirs de l'homme envers son semblable, en lui disant :

> Tu respecteras ton père et ta mère.
> Tu ne commettras ni meurtre ni adultère.
> Tu ne déroberas pas le bien d'autrui.
> Tu aimeras ton prochain comme toi-même.

Tout l'ordre social est contenu dans ces préceptes divins, dans ces préceptes qui consacrent le droit de la famille et de la propriété; préceptes sacrés et immuables comme la révélation elle-même; préceptes applicables à tous les peuples et à tous les temps, parce qu'ils ont pour objet de régler des besoins impérieux et universels, et parce que le droit de la famille et de la propriété est le droit commun de l'humanité.

Mais ce n'était pas assez d'avoir fait lire ces préceptes au peuple hébreu sur les tables sacrées données à Moïse : Dieu a voulu les écrire pour tous les peuples, dans une loi nouvelle qui est venue confirmer la loi ancienne sans altération et sans réserve, afin de constater, par une révélation plus universelle, l'origine divine des lois sociales, et afin de leur assurer le respect des générations futures.

Le paganisme lui-même, comprenant que les principes sociaux devaient être d'origine divine, s'est toujours efforcé de les rattacher à quelque révélation fabuleuse; et le philosophe païen qui a écrit les plus beaux traités d'organisation sociale, Cicéron, adoptant la famille et la propriété comme les éléments fondamentaux et sacrés de toute so-ciété, les appelait, dans son beau langage,

Fœdera generis humani.

On oublie de nos jours avec une grande légèreté l'origine divine des principes sociaux, et on les prive ainsi du caractère immuable et sacré qu'on reconnaît aux principes religieux. Cependant cette commune immutabilité des principes sociaux et des principes religieux n'est pas seulement écrite dans la révélation, elle se manifeste également dans l'histoire ; jamais on n'a pu nier ouvertement les uns sans repousser en même temps les autres ; les deux négations et les deux affirmations se tiennent, et le jour où un réformateur veut proclamer une loi sociale nouvelle, il se présente en même temps comme le missionnaire d'un nouveau dieu. Toujours l'inflexible logique conduit à cette impiété les sectaires qu'une fatale audace entraîne ; Proudhon n'avait pas craint de dire : *La propriété, c'est le vol ;* il a osé être conséquent, et il a dit : *Dieu, c'est le mal.* Le délire de l'orgueil humain semble plus sacrilége dans cette seconde affirmation ; mais il est également criminel dans l'une et dans l'autre.

Toutefois, cette aberration profane de la raison humaine porte en elle-même son châtiment et son remède. Son châtiment, c'est le mépris du bon sens pour cette logique infernale. Son remède, c'est le retour naturel de la pensée vers l'origine divine des lois sociales. Quoi de plus naturel, en effet, que d'implorer Celui qui a donné à l'homme l'intelli-

gence et la vie, afin qu'il détermine les principes
qui peuvent en régler les rapports, comme il a
assigné des lois positives au mouvement des corps
célestes, et afin qu'il donne à l'humanité, dans son
développement spirituel à travers les siècles, quelque chose de cette majestueuse harmonie qu'il a
prodiguée dans les lois du monde physique, et dans
les révolutions des innombrables sphères qui se ba-
lancent sur les abîmes de l'infini.

A côté de ces rapports inévitables de l'homme,
il y a des rapports facultatifs, des rapports d'association conventionnelle, qui se forment et se modifient selon les temps et les lieux. Ces rapports, que
la nature n'a pas imposés à l'homme, et que nous
appellerons politiques, dans l'impossibilité où nous
sommes de trouver un terme plus général, ne devaient pas être réglés par des principes révélés,
comme les rapports sociaux, mais par des principes émanés de l'expérience humaine; et c'est ici
le lieu d'admirer la sagesse de la révélation chrétienne, qui, en dictant des principes sociaux po-
sitifs, universels et immuables, s'est abstenue de
formuler des principes politiques également absolus et universels, afin que la foi chrétienne ne fût
jamais dépendante de telle ou telle forme de gouvernement, et afin que les ministres du vrai Dieu
eussent le droit de bénir également les drapeaux

des républiques et des empires, sans imposer aux
puissances de la terre d'autre obligation que celle
de respecter les lois religieuses et sociales de la révélation divine.

Les principes politiques peuvent donc varier selon les temps et les lieux, selon les besoins et les
intérêts des peuples. Est-ce à dire qu'ils doivent se
modifier selon les caprices d'une génération? Est-
ce à dire qu'il appartient à une époque de se poser en juge souverain du passé et de l'avenir, et
de sacrifier en même temps les traditions et les
espérances d'un peuple aux prétentions d'une majorité de circonstance?

Ce n'est pas ainsi qu'il est permis d'entendre la
liberté de l'homme dans le domaine politique ; c'est
aux règles tutélaires de l'expérience qu'il convient
de la soumettre, et qu'en réalité elle a toujours été
soumise ; c'est sous l'inspiration vraiment nationale de la souveraineté héréditaire des générations
que les contrats politiques ont été écrits chez tous
les peuples civilisés.

Il appartenait à une époque de doute et de désordre de vouer un culte superstitieux à une forme
unique de gouvernement, et de prétendre qu'on
peut substituer partout, aux institutions nationales
qui se rattachent aux traditions des peuples divers, la forme républicaine proclamée et établie ré-

volutionnairement en France. Mais cette idolâtrie de république universelle supposerait de la part des nations une abnégation si absolue, une superstition politique si humiliante, qu'on ne doit pas faire à notre siècle l'injure de la croire possible. Si nous vivons dans un temps où nul ne peut répondre d'une surprise ; s'il est permis de supposer l'avénement momentané d'une république européenne, il est également permis d'affirmer que cette république n'aurait pas de lendemain, et que les nationalités, un moment vaincues, ne tarderaient pas à reconquérir leur personnalité et leur indépendance.

Le principe même qu'on invoque en faveur de cette république servirait à la détruire : lorsqu'on foule aux pieds les traditions des siècles passés, on perd le droit de devenir une tradition pour les siècles à venir.

Il serait inutile d'insister plus longtemps sur la distinction qui vient d'être établie entre les principes sociaux et les principes politiques ; ces considérations générales peuvent suffire pour démontrer, *à priori*, que les premiers sont d'origine divine, et les seconds d'origine traditionnelle : il est temps d'appeler les faits à l'appui de ces vérités, et d'entrer dans un examen spécial des questions sociales et politiques, afin d'établir que les principes

sociaux qui ne sont pas fondés sur la révélation,
et que les principes politiques qui ne sont pas fondés sur la tradition nationale, ne peuvent être que
des utopies désastreuses et sacriléges.

III.

CONTRAT SOCIAL. — SOCIALISME.

Hérésies sociales, sœurs des hérésies religieuses. — Impuissance de la société rationaliste contre le socialisme. — Rousseau, L. Blanc, Barnave, Marat. — Catholicisme, seule contradiction absolue des hérésies sociales.—Victoires du catholicisme.

———

Lorsque Moïse vint apporter au peuple hébreu les préceptes divins qui résumaient la loi sociale en même temps que la loi religieuse, il annonça à ce peuple des récompenses terrestres, s'il observait fidèlement ces préceptes, et des châtiments sévères, s'il osait les enfreindre.

Cette prédiction s'est réalisée maintes fois dans la vie du peuple hébreu : le passage miraculeux du Jourdain, la prise plus miraculeuse de Jéricho, les victoires remportées sur les Amorrhéens et les Madianites, ont été le prix de la soumission des Hé-

breux à la loi divine. D'un autre côté, les châtiments n'ont pas manqué à leurs égarements : la
terre s'est entr'ouverte pour engloutir les chefs
d'une insurrection, avec leurs femmes et leurs enfants; la peste est venue enlever ceux qui s'étaient
laissé enivrer d'un amour coupable pour les filles
des Madianites; enfin, l'arrêt qui condamna ce peuple ingrat à errer quarante ans dans le désert, et
Moïse lui-même à mourir au moment où ses yeux
découvriraient la terre promise, est resté comme
un témoignage éclatant du sort réservé aux peuples
qui méconnaissent les lois religieuses et sociales de
la révélation divine.

Depuis que la loi nouvelle est venue confirmer
chez tous les peuples les préceptes de la loi ancienne, les récompenses et les châtiments de l'autorité divine n'ont pas été aussi instantanés et aussi
manifestes que dans l'histoire du peuple juif; mais
deux grands faits apparaissent constamment, depuis dix-huit siècles, dans les annales du monde
chrétien :

Toutes les fois que la raison, franchissant les limites de son juste pouvoir sur les sociétés humaines,
étend son droit de libre examen aux principes religieux révélés, elle enfante l'anarchie religieuse;

Toutes les fois qu'elle fait ce premier pas, elle en
fait bientôt un second : elle met en question les principes sociaux révélés, et enfante l'anarchie sociale.

Il n'entre pas dans le plan de ce travail de traiter la première proposition ; il suffit de l'énoncer ici, et de renvoyer ceux qui auraient quelques doutes à l'admirable *Histoire des Variations*. Quant à la seconde, elle est la conséquence nécessaire du lien intime et divin qui unit les principes religieux et les principes sociaux, et c'est à l'origine même des hérésies religieuses qu'on voit se produire l'explosion simultanée des hérésies sociales ; il est même permis de dire qu'elles empruntent le même nom. L'hérésie pélagienne attaque le principe de la propriété ; l'hérésie manichéenne, le principe de la famille. Les hérétiques vaudois et albigeois ne formulent pas leurs hérésies sociales aussi clairement que les pélagiens et les manichéens, mais le jugement qui les condamne démontre qu'ils ont voulu aussi renverser les lois sociales révélées. Enfin, la secte des anabaptistes, née au sein même de la réforme religieuse, fondée sur ses principes, développée par Nicolas Storck, ami de Luther, et par son disciple Jean de Leyde, vient donner au monde l'exemple le plus éclatant et le plus douloureux du rapport intime qui enchaîne les hérésies religieuses aux hérésies sociales. C'est le même principe qui engendre la réforme religieuse et la réforme sociale. Tandis que Luther renverse l'autorité de l'Église universelle, en proclamant que la raison individuelle est le juge suprême de l'interprétation de la loi religieuse révélée, Jean de Leyde renverse l'organisation sociale en vertu du même principe et avec la même autorité. Admettez en effet que Luther et Calvin aient le droit d'interpréter les saintes Écritures au point de vue religieux, vous devez admettre également que Jean de Leyde ait le droit d'interpréter les saintes Écritures au point de vue social. Admettez que Henri VIII ait le droit de séparer son royaume de l'Église catholique afin de répudier la reine Catherine d'Aragon et de légitimer sa passion adultère pour la jeune Anne de Boleyn, et vous devez admettre que le fameux Jean Mathias, boulanger de Harlem, ait le droit d'embrasser l'anabaptisme afin de répudier sa femme légitime, et de lui substituer la fille d'un brasseur, brillante de jeunesse et de beauté.

Il serait inutile d'insister sur ces tristes rapprochements entre les hérésies sociales et les hérésies religieuses ; il suffit de les avoir constatés. Il convient même de rendre ce témoignage aux principaux réformateurs religieux du seizième siècle, à Luther, à Calvin, à Zwingle et à Henri VIII, qu'ils ont combattu avec énergie les conséquences des principes qu'ils avaient posés. Les Églises qu'ils ont fondées ont lutté à leur tour, avec une égale énergie, pour résister aux entraînements du principe de l'infaillibité de la raison. On est même heureux d'applaudir à cette inconséquence aussi honorable

qu'inespérée, à cette victoire illogique et surnaturelle; et on peut y voir la récompense du respect que ces Églises gardent pour l'origine divine des Écritures, tout en les soumettant à leur
jugement.

Après avoir donné aux réformateurs ce témoignage d'estime pour leur efforts passés, on peut
se croire autorisé à douter de leur succès à venir,
et à craindre qu'ils ne cèdent tôt ou tard au cou-
rant qui les entraîne. Comment, en effet, ne pas
reconnaître que le principe qu'ils ont proclamé,
c'est-à-dire, le principe de l'infaillibilité de la raison, nommé par eux le principe du libre examen,
a toujours été la commune origine des hérésies sociales et des hérésies religieuses qui ont affligé le
monde depuis plusieurs siècles? Si l'hérésie sociale
n'a pas toujours succédé d'une manière apparente
à l'hérésie religieuse, si les principaux docteurs des
Églises d'Allemagne et d'Angleterre ont été incon-
séquents, les peuples ne l'ont pas été : la nation
germanique surtout paraît marcher de la réforme
religieuse à la réforme sociale avec une logique
formidable; et si l'Église anglicane a mieux réussi
à modérer les peuples qui ont adopté ses dogmes,
il reste à savoir si la richesse et la hiérarchie im-
posantes de cette Église ne sont pas les uniques motifs de son inconséquence.

Quoi qu'il en soit, on peut voir que la réforme

3.

socialiste, aujourd'hui comme il y a trois siècles, emprunte à la réforme religieuse son principe de libre examen pour détruire l'ordre social révélé, et que les réformateurs religieux et les réformateurs socialistes proclament toujours les mêmes formules et adoptent les mêmes maximes.

Rousseau avait écrit :

La terre n'est à personne ; les fruits sont à tout le monde.

Babœuf a soutenu à son tour cette maxime :

La nature a donné à chaque homme un droit égal à la jouissance de tous les biens.

Le philosophe protestant de Genève avait dit :

Tout est bien sortant des mains de la nature.

Le philosophe socialiste Louis Blanc a répété cette sentence dans les termes suivants :

On accuse de presque tous nos maux la corruption humaine ; il faudrait en accuser le vice de nos institutions sociales.

L'identité de principe est évidente, elle se rencontre à toutes les époques ; c'est toujours la même révolte contre les vérités révélées, et il n'est pas besoin, pour l'attester plus clairement, de passer en revue toutes les hérésies socialistes. L'identité des conséquences n'est pas moins incontestable, c'est la même anarchie dans les faits.

Malheureusement la société rationaliste, qui voit cette anarchie et qui la repousse, ne s'aperçoit pas qu'elle en a adopté le principe. C'est pourquoi elle fait de vains efforts pour en combattre les conséquences.

M. Thiers lutte avec un talent remarquable contre M. Proudhon; le tournoi est brillant, il intéresse le spectateur par l'éloquence du premier et par l'audace du second; mais il n'y a pas de juge du combat, parce que la raison de chacun est souveraine, et l'on chante un *Te Deum* dans les deux camps avec une égale autorité.

Aujourd'hui la légalité est pour M. Thiers ; mais qu'est-ce que la légalité sous le régime de la souveraineté de la raison ? Une question de majorité ou de minorité ; rien de plus. Hier la majorité voulait le maintien de la famille et de la propriété, demain elle pourra en décréter l'abolition. Cette extrémité paraît déplorable, mais, il faut bien le dire, elle est la conséquence naturelle et inévitable des principes reconnus : les révolutionnaires s'arrêtent quelquefois, les révolutions ne s'arrêtent jamais (1).

Quelques jours avant de porter sa tête sur l'échafaud, Barnave avait dit : « Il faut que la révolution s'arrête, car elle ne peut aller plus loin sans danger. » Mais Barnave ne pouvait donner à la révolution un motif légitime de s'arrêter ; la raison de ceux qui voulaient aller plus loin n'était pas moins

(1) L'élection du 10 mars, à Paris, est un avertissement.

souveraine que celle de Barnave, et la révolution a continué sa marche dévastatrice. Marat avait été plus conséquent, il avait dit : « L'égalité des droits conduit à l'égalité des jouissances, et l'idée ne se reposera que sur cette base. » L'événement a justifié la sentence de Marat : l'idée ne s'est pas arrêtée à l'égalité des droits politiques, et le système de Babœuf est venu proclamer l'égalité des jouissances. On a repoussé une première fois par la force cette conséquence du principe d'égalité ; mais le socialisme a reparu de nouveau, demandant impérieusement l'égalité des jouissances ; et le principe menace cette fois de triompher de la force. Ce qui est certain, c'est que la société n'a pas aujourd'hui plus d'arguments qu'hier à opposer au socialisme. On dit bien quelquefois que l'égalité des jouissances est suffisamment garantie depuis que les emplois et la fortune sont également accessibles à tous ; mais, avec cette manière de raisonner, on justifierait l'ancien régime lui-même.

Le seul argument spécieux que la société rationaliste puisse opposer au socialisme, c'est celui que la statistique lui a fourni. Il est évident que la terre ne sera jamais assez féconde pour donner à tous une part suffisante de bien-être, et la conséquence réelle d'une communauté quelconque de biens serait forcément une misère commune. Les socialistes de bonne foi, qui ne peuvent pas nier cette vérité, ont inventé un singulier expédient pour obvier à l'insuffisance des ressources actuelles du monde : ils ont proposé d'employer les *détritus* humains à la fertilisation de la terre ; dans leur système, les générations qui s'en vont seraient (qu'on pardonne le choix de cette expression) le fumier des générations qui arrivent : la terre acquerrait ainsi une fécondité sans limites, et le socialisme serait réalisé !... Cela s'appelle, dans le jargon socialiste, la lois du *circulus*. On ne saurait dire que cette chimère nauséabonde réfute l'objection de la statistique : mais que les socialistes se contentent de l'égalité de la misère, et l'objection de la statistique tombera comme toutes les autres.

La société rationaliste a essayé d'un autre argument contre le socialisme : elle lui reproche d'asservir toutes les volontés à celle de l'État, et cet asservissement est en effet consacré par tous les systèmes connus du socialisme. L'auteur du *Voyage en Icarie* s'est exprimé à ce sujet avec une grande franchise dans le passage suivant : « Pour que la commu-
« nauté puisse remplir sa mission, qui est de pro-
« duire la richesse et le bonheur, et pour qu'elle
« puisse éviter les doubles emplois et les pertes,
« économiser et décupler la production agricole et
« industrielle, il faut de toute nécessité que la so-
« ciété concentre, dispose et dirige tout ; il faut
« qu'elle soumette toutes les volontés et toutes les

« actions à sa règle, à son ordre et à sa discipline. »
Le sacrifice de la liberté à l'omnipotence de l'État
ne saurait être plus complet ; mais, en parlant ainsi,
les socialistes ne font que proclamer dans l'ordre
social un principe qui a été proclamé dans l'ordre
politique, et dont l'école rationaliste a tiré des
conséquences d'une tyrannie sans mesure : dans
l'enseignement public, lorsqu'elle a déclaré que les
enfants appartenaient à l'État avant d'appartenir à
leur famille ; et dans l'administration, lorsqu'elle a
construit cette grande machine administrative qu'on
a appelée la centralisation. Il importe surtout de faire
remarquer ici que c'est précisément cette omnipotence centrale qui, en détruisant la liberté des
communes et des corporations, a préparé les voies
à l'établissement du communisme.

Il faut donc que la société rationaliste en prenne
son parti : elle sera toujours impuissante à combattre les principes fondamentaux du socialisme qu'elle
a proclamés elle-même, c'est-à-dire, le principe de
la souveraineté de la raison et le principe de l'omnipotence de l'État. Elle a beau nier les conséquences de ces principes ; les logiciens du socialisme les feront tôt ou tard prévaloir contre elle.

Si on veut combattre avec succès le socialisme,
il faut se placer résolûment sur un autre terrain,
sur celui où les vrais principes de l'ordre social,
ceux de la famille et de la propriété, sont consacrés

par une autorité supérieure, par une puissance surnaturelle, en un mot, sur le terrain du catholicisme.

Il est vrai qu'il existe d'autres communions chrétiennes qui sont restées fidèles au principe de la propriété et de la famille; mais déjà il a été démontré que ces communions ont proclamé elles-mêmes le principe générateur du socialisme, et, tôt ou tard, elles peuvent être entraînées jusqu'à la négation de l'ordre social. Le catholicisme, au contraire, a conservé, par une tradition fidèle et non interrompue depuis le premier apôtre jusqu'à nos jours, l'interprétation des préceptes divins sur lesquels repose le contrat social; et telle est la certitude des principes sociaux dans l'Église universelle, qu'un catholique ne peut jamais devenir socialiste sans renier à l'instant sa foi, tandis que le protestant peut devenir socialiste en vertu même de son principe religieux. En d'autres termes, dans l'Église universelle, si l'homme succombe, c'est la conséquence de son imperfection originelle, mais le principe ne fléchit pas; dans l'Église réformée, au contraire, c'est le principe qui entraîne l'homme dans l'abîme.

Il faut ajouter que l'Église universelle, dépositaire fidèle de la sagesse et de la prévoyance divines, ne s'est pas bornée à définir les bases du contrat social, et à défendre tout ce que le socialisme attaque ; elle a de plus attaqué tout ce que le socialisme défend. C'est ainsi qu'elle a repoussé le principe de l'égalité sociale et le principe de la satisfaction des sens, qui sont le but des doctrines socialistes, en opposant à ces principes cette sentence du Sauveur des hommes : *Il y aura toujours des pauvres parmi vous;* et, afin d'enseigner la soumission à cette sentence, elle a encouragé et béni la vocation de ces hommes pleins de sainteté qui ont fait vœu de pauvreté, et donné l'exemple de l'abnégation à côté de celui de toutes les vertus.

Voudrait-on en conclure que le catholicisme est une doctrine désespérante, et qu'il condamne l'homme à d'intolérables douleurs? Qui donc mieux que le catholicisme possède le secret de nous consoler des misères et des inégalités de cette vie, et de nous combler de jouissances spirituelles bien au-dessus de celles que le monde peut offrir? Qui donc nous apprend à mieux servir la pauvreté, en nous répétant chaque jour ces divines paroles : « Quand « vous ferez l'aumône, que votre main gauche ne « sache pas ce que fait votre main droite? » Qui donc vient plus assidûment nous apporter sur le lit de nos douleurs cette immortelle espérance : « Heu-« reux ceux qui seront dans l'affliction, car ils se-« ront consolés? » Qui donc, enfin, oppose à tous les outrages cette généreuse et sublime réparation : « Aimez vos ennemis, bénissez ceux qui vous mau-

« dissent, faites du bien à ceux qui vous haïssent,
« priez pour ceux qui vous outragent et qui vous
« persécutent? »

Et ce n'est pas pour la circonstance que le catholicisme nous offre ces inépuisables consolations et
ces admirables encouragements ; ce n'est pas pour
repousser l'invasion du socialisme qu'il enseigne
à l'homme à respecter la famille et la propriété,
à combattre ses passions, à être leur maître et
non leur esclave ; il y a dix-huit siècles que l'É-
glise catholique ne cesse de répéter ces divins
enseignements : les premières hérésies socialistes
n'avaient pas encore paru, lorsqu'elle est venue
proclamer que la famille et la propriété étaient des
institutions de droit divin.

Enfin, dans cette lutte contre les doctrines antisociales, le catholicisme n'est pas seulement un écho
de la parole divine, il est en même temps un hommage aux lois naturelles les plus imprescriptibles ;
tandis que le socialisme est la révolte la plus insensée de l'esprit humain contre ces mêmes lois.
Supposer, en effet, que la fin de l'homme soit un
état parfait d'égalité, c'est supposer que celui-ci
sera satisfait le jour où le niveau de l'égalité aura
réduit ses semblables à la même condition que lui.
Or, cette supposition atteste une complète ignorance
du cœur humain. L'homme éprouverait sans doute
un premier sentiment de satisfaction ; son envieuse

4

convoitise n'aurait, plus rien à demander le jour où
toutes les supériorités seraient abaissées; mais les
autres passions de l'homme, loin d'être apaisées,
seraient ranimées par ce succès : elles viendraient à
leur tour demander une place au festin des jouissances, et leurs exigences seraient d'autant plus légitimes, qu'elles s'adresseraient à un régime qui
s'est donné pour mission la satisfaction des passions
les plus vulgaires.

Il ne faut pas s'y tromper, l'amour de l'égalité ne
domine aujourd'hui tous les penchants que parce
qu'il les résume tous en un seul : c'est l'ambition de
la fortune et des honneurs, c'est la cupidité et la
soif de l'or,

Amor sceleratus habendi,

qui se cachent derrière une nouvelle formule d'ordre social. Vienne le triomphe de cette formule, et
bientôt on verra l'armée des égalitaires se convertir en légions impatientes de marcher à la conquête
de nouvelles satisfactions. L'état d'égalité rêvé
par les socialistes, loin d'être la fin nécessaire de
l'homme, ne serait qu'un état précaire, une victoire
momentanée de l'envie et un encouragement à
toutes les passions, que la destruction de l'égalité
pourrait seule satisfaire

Que le socialisme nie l'efficacité des lois existantes

pour assurer d'une manière absolue le bien-être des
sociétés, le catholicisme ne protestera pas contre cette
sentence ; mais que le socialisme espère trouver des
lois parfaites, c'est là son incontestable erreur ; il
n'en faut pas d'autres preuves que celles qu'il nous
a données lui-même, et qu'il est bon de rapppeler
ici. En effet, que propose le socialisme pour réprimer le vol et l'adultère ? Il propose de supprimer
la propriété et le mariage. Il faut convenir que, ces
institutions sociales abolies, il n'y aurait plus de
crime qualifié vol et adultère. Mais de deux choses
l'une : ou la liberté de posséder tous les biens de
la terre et de se posséder les uns les autres sera limitée, ou elle ne le sera pas.

Si elle est sans limites , il arrivera que deux
hommes pourront aspirer en même temps à la possession d'un même objet, et l'un des deux sera dé-
possédé pendant que l'autre possédera par la force
ou par la ruse. Alors il se passera un acte de violence non qualifié de vol ou d'adultère, mais auquel il faudra donner un nom quelconque ; la formule pourra être nouvelle, l'acte sera le même : il
y aura donc toujours un coupable, et le crime sur-
vivra à la qualification.

Si la liberté de jouir est limitée, quelque faible
que soit la limite, elle établira un droit de possession, et ramènera au principe de l'ordre social actuel ;
il n'y aura de dissidence que sur l'étendue du droit.

Ainsi, quel que soit le parti qu'on adopte, on ne parviendra pas à décréter la suppression du crime. C'est qu'en effet ce n'est pas la loi qui fait le crime, c'est la passion ; or, le socialisme ajoute à l'impuissance des lois par cela même qu'il stimule les passions. Le catholicisme, au contraire, combat les passions, et assure par là le respect et l'efficacité des lois.

Les doctrines socialistes sont donc condamnées également par les lois de la révélation et par les lois de la nature ; jamais les hommes ne trouveront sur la terre ce bonheur et cette richesse matérielle que le socialisme leur promet. Quels que soient les moyens de réalisation que découvre le génie aventureux des chefs socialistes, le but qu'ils poursuivent ne sera pas atteint ; et si Dieu permettait l'avénement miraculeux d'une de ces obscures folies qu'ils appellent la *banque d'échange*, le *circulus* ou la *triade*, l'ardeur infatigable des passions humaines, stimulée par ce premier succès, invoquerait de nouvelles folies pour satisfaire de nouvelles cupidités.

Il se peut que la Providence se serve des socialistes pour nous punir d'avoir méconnu les lois de sociabilité que sa prévoyante sollicitude nous avait données ; il se peut qu'elle nous les enlève un moment pour nous en faire comprendre tout le prix ; mais il ne sera pas donné aux réformateurs socialistes de faire un nouveau contrat social, et tôt ou tard l'humanité reviendra chercher les principes qui doivent régler ses légitimes rapports, à la source di ine qu'aucune ingratitude ne saurait tarir.

Il faut donc le reconnaître : le contrat social, ayant pour but de régler des rapports communs à tous les peuples et à tous les temps, doit reposer sur des lois immuables et universelles ; et nul ne peut déchirer ce contrat sans troubler l'ordre de la nature et sans précipiter l'humanité dans le chaos.

D'un autre côté, il faut bien le redire, la société rationaliste ne peut rien elle-même contre les utopies insensées des novateurs socialistes. On n'arrête pas le débordement de l'infaillibilité de la raison par les arrêts de cette même infaillibilité. Tout au plus peut-on substituer une anarchie nouvelle à une anarchie ancienne.

La société rationaliste veut-elle une preuve nouvelle et décisive de son impuissance contre le socialisme ? C'est l'impossibilité où elle se trouve de le définir.

Voilà deux ans qu'elle est en présence de cette *idée nouvelle*, et elle ne la comprend pas encore ; aucun de ses philosophes n'est parvenu à l'expliquer, toujours elle leur échappe comme un fantôme insaisissable. Ils peuvent bien la saisir lorsqu'elle s'appelle Cabet, Considérant, ou Pierre Leroux ; mais quand elle s'enveloppe dans la liberté de penser, les philosophes ne peuvent pas même lui donner un nom. La bataille continue, mais les coups sont portés dans les ténèbres, on frappe sans atteindre le but ; aux vagues affirmations du socialisme on oppose de plus vagues affirmations, le désordre est dans les esprits, et, à voir cet antagonisme plein de doute, on pourrait croire que les socialistes du lendemain sont aux prises avec ceux de la veille (1). La société catholique n'a pas à redouter cette confusion funeste ; ses affirmations sont positives, son ordre social est défini, il est écrit dans la révélation divine, dans le code sacré dont l'Église a le dépôt ; la société catholique sait ce qu'elle défend, c'est la vérité sociale ; elle sait également ce qu'elle attaque, elle n'attend pas que l'ennemi se donne un nom, quel que soit le masque dont il se couvre ; elle voit en lui la négation de l'ordre social révélé, et elle l'appelle *hérésie sociale*.

Si notre siècle veut opposer au socialisme une affirmation positive, et combattre avec succès cette prétendue *foi nouvelle,* qu'il se range sous la bannière du catholicisme ; s'il veut conjurer les effets de l'incrédulité, qu'il cesse d'être incrédule.

Lorsque l'Église a sauvé la société de l'invasion des doctrines antisociales, la société n'était pas ra-

____

(1) Le journal qui a publié le roman socialiste de M. E. Sue, attaquant cette candidature socialiste, résume bien cette situation.

tionaliste. Aux impies qui voulaient déchirer le contrat social écrit dans le code de la révélation divine, l'Église opposait des légions de fidèles qui
savaient respecter et défendre la révélation. C'est
avec cette assistance qu'elle a vaincu plusieurs fois,
et qu'elle vaincra toujours ; c'est en nous voyant
ralliés au symbole de ses croyances qu'elle peut
nous dire encore :

In hoc signo vinces!

IV.

PRINCIPES POLITIQUES.

Principe d'autorité traditionnel limité. — Souveraineté du droit.
— Principe d'autorité révolutionnaire et illimité. — Souveraineté de la force.

———

Le contrat politique est le domaine de l'homme; sur ce terrain, il est maître de réformer et d'innover, si les circonstances l'exigent. Alphonse de Bourgogne est proclamé roi de Portugal sur le champ de bataille ; mais, persuadé que les soldats ne sont pas la nation, il convoque les cortès de Lamega. Laurent de Vegas demande à l'assemblée : « Voulez-vous qu'Alphonse soit votre roi? « Tous répondent : Oui !

— « La royauté finira-t-elle avec lui ?

— « Alphonse sera notre roi , et après lui ses enfants.

— « Voulez-vous que les filles succèdent à la couronne ?

— « Oui, pourvu qu'elles se marient à un prince portugais. »

Voilà un contrat politique nouveau.

Mais les peuples ont-ils intérêt à renouveler souvent leurs contrats politiques ? Par quelle autorité peuvent-ils être établis ? Quelle forme et quelle nature de gouvernement doivent-ils préférer ?

Cette recherche ne serait pas permise, si elle devait avoir pour conclusion que la France, par exemple, doit se prononcer *hic et nunc* pour tel principe politique. Mais si elle a pour but d'éclairer les résolutions futures, elle devient légitime; on peut ajouter même qu'elle est nécessaire. Il y a trop longtemps que l'on se méprend en France sur la valeur réelle des principes politiques; les esprits se sont soulevés, les partis se sont formés, les luttes ont été engagées, les trônes brisés ont volé en éclats, et, le plus souvent, les combattants n'avaient jamais compris la devise du drapeau qu'ils avaient répudié, ni même celle du drapeau qu'ils avaient suivi. Les préjugés ou l'attrait du combat ont suffi presque toujours à nous entraîner.

Il est temps d'en finir avec ces malentendus, et d'arriver au terme de nos longues et sanglantes querelles. Sur quoi roule aujourd'hui le débat? Sur le principe de l'autorité. Les uns la font dériver du droit de la souveraineté du peuple, proclamé en 1793 ; les autres la font remonter à un droit antérieur et traditionnel. En un mot, il y a un principe nouveau et un principe ancien d'autorité ; mais l'un et l'autre ont été mal compris : c'est donc un devoir de les définir avec toute la précision possible, et d'en apprécier avec impartialité les conséquences.

On a essayé souvent de donner une définition générale et absolue de la souveraineté du peuple, et on a toujours échoué à l'œuvre. Tout le monde sait que l'auteur du *Contrat social*, qui a pour ainsi dire épuisé la question, n'a jamais pu donner lui-même que des définitions contradictoires.

C'est qu'en effet l'idéal ici est insaisissable et indéfinissable : à l'époque où Rousseau écrivait, la souveraineté du peuple, qu'il demandait, n'avait pas existé. Aujourd'hui la tâche est plus facile : le principe posé à la fin du dernier siècle a été formulé et mis en pratique, il ne s'agit plus que de définir une réalité.

Le même avantage se présente dans la question du droit de souveraineté, antérieur au droit de la souveraineté du peuple ; car ce droit ancien a existé longtemps, et sa définition n'est qu'une question d'histoire ; il paraîtra même juste, sans doute, de donner le pas à la souveraineté la plus ancienne, et d'accorder ce respect historique à son droit d'aînesse.

Dans la constitution qui, pendant plusieurs siè-

cles, a régi la monarchie française, dans cette constitution qu'on peut appeler le vieux code de la
souveraineté, l'autorité résidait dans la royauté héréditaire et dans la représentation nationale. Cette
double autorité était inviolable et sacrée, et cette
inviolabilité, reconnue par la tradition, constituait
une véritable *souveraineté du droit*.

La royauté exerçait un pouvoir souverain dans
les limites des lois fondamentales, et la nation,
représentée par les états généraux, gardait le droit
de voter l'impôt et de prononcer sur les démem-
brements de territoire ; elle conservait d'ailleurs
un droit éventuel de remontrances sur l'exécution
des lois et la bonne administration du royaume,
droit réel, car ces remontrances pouvaient avoir
pour sanction le refus des subsides.

L'inviolabilité du principe héréditaire de la monarchie étant un droit national, la Providence
seule avait le privilége d'en suspendre momentanément l'application, en permettant l'extinc-
tion ou l'absence de la famille à laquelle la tradition nationale avait confié le dépôt héréditaire du
pouvoir. Toutefois, dans ces cas de force majeure,
la nation, loin d'abolir le principe héréditaire, devait le transporter dans une autre famille. Les états
généraux exerçaient alors un droit de souveraineté
réel, mais rigoureusement défini et limité par la
souveraineté du droit.

Ces lois fondamentales n'avaient jamais été réunies en un corps de doctrines, en une charte proprement dite ; mais elles avaient été consacrées par la tradition et résumées dans les cahiers de 1789. Enfin la constitution, votée par les assemblées de 1790 et 1791, les avait formellement consacrées ; car ces assemblées elles-mêmes n'avaient pas entendu que le droit de reviser les institutions, qu'elles venaient de réunir pour la première fois en une seule charte, fût applicable aux lois fondamentales : loin de là, il avait été stipulé que l'assemblée de révision prêterait serment de maintenir ces lois, et de rester fidèle à la nation, à la loi et au roi. La souveraineté des assemblées était ainsi limitée par la souveraineté du droit (1).

Dans la souveraineté du peuple, telle qu'elle a été proclamée et comprise en 1793, le principe d'autorité émane uniquement de la nation. De là un **droit** nouveau, droit absolu de changer indéfiniment les dépositaires de l'autorité : droit nécessairement illimité par sa nature, et toujours illimité dans les constitutions comme dans les faits, depuis cinquante ans.

Nous avons pu lire, en effet, dans l'acte constitutif du 24 juin 1793, que *la souveraineté réside*

____

(1) Voyez le titre relatif à la révision de la constitution de 1791.

dans le peuple, qu'*elle est imprescriptible et ina-liénable,* et que *le peuple* **A TOUJOURS** *le droit de revoir, de réformer et de changer sa constitu-tion* (1). Supposer qu'une limite quelconque puisse être imposée à ce droit, même une simple limite de *temps,* ce serait admettre que la nation n'a pas *toujours* le droit de changer sa constitution ; ce serait violer l'article fondamental qui vient d'être cité ; ce serait subordonner la souveraineté du peuple, qui est supérieure à tout. Imposer des limites à la souveraineté du peuple ! Qui le pourrait ? Le peuple apparemment. Étrange contrat, dans lequel celui qui impose est le même que celui qui accepte ; contrat résiliable à toute heure ; car, pour le rompre, le peuple n'a de permission à attendre que de lui-même.

Ce droit sans limite et sans règle peut paraître insensé, et il a paru tel à ceux mêmes qui l'ont proclamé, à ce point qu'ils ont écrit, à côté du droit de reviser *toujours* la constitution, l'obligation de la reviser *seulement* dans certaines circonstances. Mais cette seconde disposition était contraire au principe de la souveraineté, et jamais elle n'a été respectée : c'est le droit de reviser toujours la constitution qui a prévalu en fait depuis soixante ans, en dépit de toutes les limites de temps et de

(1) Voyez art. 25 et 28 de l'acte constitutif du 24 juin 1793.

forme qu'on a voulu lui imposer. Vainement la Convention, après avoir méprisé elle-même les barrières posées par la souveraineté du droit dans la constitution de 1791, a voulu relever ces barrières; vainement elle a voulu imposer à la souveraineté du peuple une abstention de neuf années; vainement elle a *remis le dépôt de la constitution à la vigilance des pères de famille, aux épouses et aux mères, à l'affection des jeunes citoyens et au courage de tous les Français* (1); vainement les assemblées suivantes ont imité l'exemple de la convention. Tous ces appels au patriotisme et à la fidélité ont été inutiles, toutes ces déclarations d'inviolabilité ont été foulées aux pieds; et il ne s'est jamais élevé, au nom du peuple, une seule protestation contre les actes de souveraineté illimitée qui ont renversé tour à tour les constitutions de 1793, 1795, et de 1830. Sérieusement pouvait-il en être autrement? Le peuple ayant détruit violemment la constitution de 1791, au mépris de toutes les dispositions législatives qui imposaient un sursis au droit de révision, pouvait-il douter du droit de

(1) « Le peuple français remet le dépôt de la présente consti- « tution à la fidélité du corps législatif, du directoire exécutif, « des administrateurs et des juges, à la vigilance des pères de « famille, aux épouses et aux mères, à l'affection des jeunes ci- « toyens, au courage de tous les Français. » (Art. 377 de la cons titution de l'an II, 4 décembre 1793.)

briser également les constitutions ultérieures, non-obstant les dispositions qui prétendaient condamner dans l'avenir ce qui avait été glorifié dans le passé? En d'autres termes, la souveraineté du peuple, n'ayant reconnu aucune limite le 24 juin 1793, pouvait-elle, sans se donner un démenti manifeste, en reconnaître une le 22 août 1795 et le 24 février 1848? Toutes les dispositions contraires au droit illimité de reviser les constitutions étant nécessairement nulles en principe, devaient être nulles en fait. Supposer ces dispositions valables, ce serait déclarer que les constitutions reconnues en 1793, 1795, 1830 et 1848, ne sont que des usurpations violentes, des crimes de lèse-majesté nationale. Si on veut que ces constitutions aient un fondement quelconque, il faut admettre le droit nouveau, le droit illimité et violent qui vient d'être défini.

Supposera-t on que ces coups d'État populaires ne se présenteront plus ; que la majorité, désormais régulièrement convoquée, déterminera toujours les conditions du contrat politique? Eh bien! dans ce cas, le droit de la force ne disparaîtrait pas encore. Qu'est-ce que la majorité dans le système de la souveraineté illimitée du suffrage universel, sans condition et sans règle? Qu'est-ce que la majorité dans des assemblées où on compte dix mille hommes sans lumière pour dix hommes de savoir, mille caporaux pour un maréchal? Est-ce la raison la plus forte qui prévaut, ou la raison du plus fort? On comprend que le droit de la majorité soit fondé sur la raison dans une réunion d'électeurs réellement égaux, dans l'ordre des avocats, et dans des corporations de commerçants ou d'ouvriers; mais dans des assemblées qui réunissent confusément toutes ces aptitudes très-inégales bien que très-réelles, le triomphe de la majorité sera toujours le triomphe de la quantité sur la qualité, de la force numérique sur la force morale; ce sera, il faut bien le répéter, le règne légalisé de la force.

Ainsi, quoi qu'il arrive, sous l'empire du nouveau droit de souveraineté, la constitution de la veille ne sera jamais sûre d'être la constitution du lendemain : peu importe qu'elle tombe devant une insurrection ou devant une délibération parlementaire, elle tombe toujours devant le droit régulier ou irrégulier de la force.

Lorsque le fondateur de la république américaine a fait son testament politique, il semble qu'il ait voulu protester contre la souveraineté de la force, et léguer à son pays la souveraineté du droit, dans ces paroles mémorables :

« Si dans l'opinion du peuple, dit Washington,
« une distribution nouvelle ou des modifications
« sont désirables dans l'organisation constitution-

« nelle, il faut opérer les réformes suivant les voies
« légales, mais non souffrir que ces changements
« aient lieu par usurpation. On arrive quelquefois à
« produire un bien passager par ce dernier moyen ;
« mais, en général, il est l'arme la plus usitée pour
« détruire un gouvernement libre, et il finit tou-
« jours par en amener la chute (1). »

La réforme en dehors des voies légales, c'est
celle qui a commencé au jeu de paume, c'est ce
que Washington appelle *usurpation*, c'est ce qu'on
nomme depuis soixante ans *souveraineté du peuple*, c'est ce que nous appelons *souveraineté de la
force*.

La réforme par les voies légales, c'est la réforme
limitée par le droit fondamental, c'est ce que
Washington conseille, c'est ce que Louis XVI a
proposé à l'assemblée des états généraux, c'est
ce que nous appelons souveraineté du droit.

(1) *Adresse d'adieu au peuple des Etats-Unis*, Corresp. de
Washington, p. 164.

V.

CONSÉQUENCES.

Épreuve du principe traditionnel ; féodalité : transition de l'esclavage à la liberté ; stabilité dans le progrès. — Épreuve du
principe révolutionnaire : instabilité, décadence, socialisme.

Le chapitre précédent a établi qu'il y avait, en France, un droit ancien et un droit nouveau de souveraineté, un droit national limité et un droit révolutionnaire illimité ; en un mot, un principe d'autorité traditionnel et un principe d'autorité fondé en 1793. Il reste à examiner de plus près ces deux droits dans leurs effets et dans leur caractère essentiel.

Personne ne peut ignorer les effets du vieux droit et du nouveau droit sur la société française ; il peut donc suffire de résumer en peu de mots la vérité historique à ce sujet.

Lorsqu'on embrasse dans son ensemble le souvenir de l'épreuve que la France a faite du vieux droit de souveraineté, on reconnaît que ce principe d'autorité a été essentiellement favorable à la stabilité de nos institutions, et à leur développement régulier et pacifique.

On rencontre, il est vrai, la féodalité dans les premiers jours de cette épreuve ; mais il est essentiel de faire observer ici que le régime de la féodalité n'a pas été écrit par le vieux droit dans la constitution française. Ce régime, si détesté et si mal jugé de nos jours, a été un progrès aussi réel que méconnu, un progrès de la législation politique, et, pour lui donner son véritable nom, une première et inévitable transformation de l'esclavage païen. Afin de conduire à un état de liberté des hommes longtemps et brutalement asservis, une transition était nécessaire ; et si on remarque les difficultés qu'il faut surmonter aujourd'hui pour détruire l'esclavage seulement sur quelques points, et à une époque de civilisation très-avancée, on comprendra sans peine qu'une institution transitoire était nécessaire pour conduire les peuples de l'esclavage ancien à la liberté moderne. La féodalité a été cette heureuse transition. On peut regretter qu'elle n'ait pas été plus rapide ; mais si elle s'est prolongée au delà du terme nécessaire à l'accomplissement de sa mission, on ne peut pas en accu-

ser la monarchie. Cette vérité, du moins, est cons-
tatée aujourd'hui par les travaux historiques des
écrivains les plus célèbres.

Si la souveraineté du droit a laissé quelque accès
aux abus du pouvoir, elle lui a donné, en revanche,
plus d'autorité pour le bien. Si nous avons eu à
déplorer les guerres civiles et religieuses du seizième et du dix-septième siècle, ce n'est pas au
principe du vieux droit qu'il faut s'en prendre,
mais à la réforme, qui a été une première intervention de la souveraineté de la raison, c'est-à-dire,
du droit de souveraineté révolutionnaire dans l'ordre religieux. Cependant, telle a été l'heureuse influence du vieux droit, qu'on rencontre, dans les
grandes crises monarchiques suscitées par le principe qui devait révolutionner le monde, des inspirations religieuses et patriotiques qui répandent sur
ces jours d'orages et de ténèbres de consolantes
lueurs. En définitive, l'histoire impartiale atteste
que les malheurs de nos pères ont été rachetés par
le bien qu'ils ont recueilli de la souveraineté du
droit ; et, quelle que soit aujourd'hui la diversité
des opinions politiques, un esprit indépendant
doit reconnaître que ce vieux droit, malgré les imperfections dont aucune institution humaine n'est
exempte, a été pour la France une autorité tutélaire, sous l'empire de laquelle s'est développée la

supériorité de notre génie national, et s'est constituée l'incomparable unité de notre territoire.

Si l'on considère à son tour l'épreuve du nouveau droit, de la souveraineté illimitée du peuple,
on sera fondé, quelles que soient les réserves qu'on
puisse faire pour l'avenir, à la déplorer amèrement
dans le passé. Il existe encore parmi nous des témoins nombreux des bouleversements qui se sont
succédé sous l'empire de ce droit ; ils ont raconté
souvent les drames sanglants qui se sont emparés
de nos places publiques comme d'un théâtre, et
les coups d'État populaires qui ont décimé tour
à tour les partis, et fait au cœur du pays d'incura-
bles blessures. Inutiles rigueurs ! Les institutions
qu'elles devaient soutenir étaient condamnées d'a-
vance à succomber elles-mêmes, victimes de leur
impuissante et aveugle tyrannie.

Il résulte de ces faits, trop connus pour qu'il
soit besoin de s'y appesantir ici, que l'épreuve du
nouveau droit a coûté à la France, en un demi-
siècle, plus de larmes et de misères que ne lui en
avait coûté l'épreuve du vieux droit pendant le
cours de huit siècles ; et cependant le droit nouveau a eu la bonne fortune d'être mis à l'épreuve
sous l'influence d'une civilisation avancée, après
la découverte de l'imprimerie, après les grands travaux intellectuels du siècle de Louis XIV, après

l'institution régulière d'une législation civile et criminelle, et l'institution non moins précieuse du
droit public européen; en un mot, lorsque l'ordre
social et politique avaient accompli leurs plus glorieuses conquêtes. Le vieux droit, au contraire, a
eu le désavantage de traverser les âges les plus barbares de la civilisation; il s'est trouvé en présence
d'une société pour ainsi dire informe; il a dû assister à des luttes séculaires contre les traditions in-
vétérées de la barbarie, et contre les traditions du
paganisme. Pour comprendre combien cette différence des temps a été défavorable à l'épreuve du
vieux droit, il suffit de se reporter à ces jours de
transformation et de renouvellement social, et de
se demander ce qui serait arrivé, si on avait connu
à cette époque la souveraineté du peuple sans limites, dont la puissance de nos lumières et le
progrès de nos mœurs n'ont pas pu modérer les
excès.

On vante quelquefois les progrès que la civilisation a faits sous l'empire du nouveau droit de souveraineté. Sans vouloir contester d'une manière
absolue ce qu'on est convenu d'appeler les conquêtes de la révolution, il est bien permis de dire
que l'esprit de liberté illimitée a eu ses méprises
en matière politique comme en matière d'ordre
social et religieux, et qu'il est arrivé que la plupart
des décrets qu'on regarde comme des œuvres de

liberté, ont été des actes de despotisme : l'abolition des corporations en est une preuve. Il y avait lieu sans doute de les modifier, mais il ne fallait pas oublier qu'elles avaient été un rempart contre le développement de la centralisation et de l'autorité des fonctionnaires publics. En les détruisant, la révolution a achevé l'œuvre imprudemment commencée par Frédéric II, Joseph II, Catherine, et les derniers rois de France, contre la liberté des corporations, et frayé le chemin au despotisme moderne : tout avait été divisé comme pour préparer le règne de la bureaucratie, et établir sa toute-puissance à tous les degrés de l'administration publique. On avait cru établir la liberté du travail ; on a élevé une tyrannie qui pèse aujourd'hui sur tous les intérêts. D'un autre côté, les progrès réalisés depuis cinquante ans dans les pays où le principe de la souveraineté illimitée du peuple n'a pas été proclamé, attestent que la révolution n'était pas nécessaire pour obtenir ce qu'on lui attribue trop exclusivement ; il est même permis de dire que son intervention violente nous a fait acheter les progrès accomplis chez nous par des sacrifices que le maintien du vieux droit nous aurait épargnés. La statistique de nos révolutions a établi, à ce sujet, des chiffres que toutes les subtilités de langage ne sauraient réfuter.

Si l'on compare maintenant ce qui forme le caractère distinctif des deux droits de souveraineté, on remarquera facilement que le vieux droit se distingue surtout par la nature spéciale de son action constituante. Le vieux droit ne se fait pas législateur, à un jour donné, pour bouleverser les lois fondamentales dans leur ensemble; il est législateur en permanence; il consacre les actes successifs de la tradition nationale; il se conforme à la doctrine exprimée par tous les publicistes célèbres sur la mission du pouvoir constituant; il est d'accord avec de Maistre et Portalis dans ces paroles : « Les « législateurs n'inventent pas les lois, ils les écri- « vent ; « avec Sismondi dans cette proposition : « Les peuples existent, ils ont une constitution, « dans l'acception la plus large de ce mot; le légis- « lateur doit travailler avec la lime, et non avec la « hache. »

Mais ce qui distingue éminemment le vieux droit, ce qui lui a donné une puissance séculaire, c'est l'origine sainte et supérieure, et, pour parler net et franc, c'est le droit divin qu'il reconnaît à l'autorité; et c'est ici le lieu d'expliquer ce droit divin, dont les esprits forts ont toujours méconnu la portée ou dénaturé le caractère.

Le droit divin n'est pas, comme on l'a souvent répété, un droit qui appartienne exclusivement aux monarchies; il peut aussi appartenir aux républiques; car le droit divin de l'autorité a été formulé dans les saintes Écritures pour toutes les autorités sans exception. Tout pouvoir vient de Dieu, a dit la révélation : *Non est potestas, nisi a Deo;* ce qui ne veut pas dire que Dieu choisit lui-même les chefs des nations, comme il avait choisi quelquefois les chefs des Hébreux ; mais que le pouvoir, sous ses formes diverses, est une institution conforme aux desseins de la Providence. C'est pourquoi nous lisons aussi dans les saintes Écritures ces paroles : « Soyez soumis à cause de Dieu, soit à un roi, « comme au plus digne, soit à des chefs, comme « s'ils étaient envoyés de Dieu ; » *Subditi estote propter Deum, sive regi quasi præcellenti, sive ducibus tanquam* A DEO MISSIS.

Le pouvoir de faire des lois et de rendre la justice est également un droit divin, formulé à côté du droit de gouverner, dans cet autre passage des Écritures : « C'est par moi que règnent les rois, et « que les législateurs font des lois justes ; c'est par « moi que les princes commandent, et que les puis- « sants rendent la justice. » *Per me reges regnant, et legum conditores justa decernunt; per me principes imperant, et potentes decernunt justitiam.*

Voilà, dans toute sa portée, le droit divin reconnu par nos pères, droit protecteur des pouvoirs établis, et non moins protecteur de la liberté des peuples ; car, en fortifiant l'autorité, il ennoblissait la soumission, il justifiait et légitimait le pouvoir donné sur des hommes à d'autres hommes soumis aux mêmes imperfections, sortis du même néant, et appelés à la même espérance.

Ainsi, au point de vue même de la dignité de l'homme, les philosophes qui ont attaqué le droit divin n'ont pas su ce qu'ils faisaient. Plus l'origine du pouvoir est élevée, plus le joug est léger, plus l'obéissance est facile; plus l'origine du pouvoir s'abaisse: plus le joug est pesant, plus l'obéissance est rebelle; l'orgueil peut entendre autrement la dignité humaine, et se trouver à l'aise sous un président de république; mais la fierté plus intelligente préfère se soumettre à une vieille et glorieuse race de rois.

Si nous approfondissons maintenant ce qui caractérise le nouveau droit; si nous cherchons la cause de son instabilité et de sa faiblesse, nous la trouvons surtout dans la téméraire prétention de formuler une constitution d'un seul jet, à la manière du fondeur qui coule une statue de bronze. Le nouveau droit agit comme si la soumission des siècles précédents avait été une abdication de l'intelligence, et comme si le siècle actuel avait reçu, en naissant, le monopole de la science politique. Il y a dans cette prétention un mépris si insolent du passé, un déni de justice si outrageant pour tout ce qui a été grand et honorable, une ambition si aveugle de dominer le présent et l'avenir, que jamais il n'a été donné à la souveraineté révolutionnaire de fonder une œuvre respectée et durable.

On peut comprendre l'établissement d'un contrat politique entièrement nouveau, sans rapport avec le passé, dans un pays où il n'a pas existé un contrat politique antérieur, consacré par les traditions et identifié aux mœurs populaires, comme cela s'est vu aux États-Unis d'Amérique ; encore faut-il attendre les résultats définitifs de l'épreuve du nouveau monde avant de se prononcer avec certitude. Mais dans un pays qui a possédé une constitution éminemment nationale et traditionnelle, cette constitution doit nécessairement tenir au sol, elle ne peut en être arrachée sans violence ; et les institutions nouvelles, qu'on veut élever sur ce terrain ébranlé et déchiré, doivent s'y engloutir sans cesse. C'est ainsi que sont tombées, en dépit des adhésions successives d'un suffrage universel qui semblait devoir élargir et consolider leur base, toutes les constitutions formulées *à priori* depuis 1795.

On a pu commander quelquefois l'obéissance, en s'appuyant sur le concours précaire de la force et sur le prestige inconstant de la gloire ; mais aussitôt que ces fondements fragiles ont fait défaut, la soumission a paru blessante, et l'insurrection est venue renverser les constitutions issues du droit illimité de la révolution, plus rapidement encore qu'elle n'avait détruit les constitutions émanées du droit divin et traditionnel.

Sous l'empire de la souveraineté du peuple, l'in-surrection vaincue est toujours sacrilége. Chacun peut se souvenir qu'on a imprimé cette flétrissure aux insurrections du 13 vendémiaire, du 18 fructi-dor, des 5 et 6 juin 1832, du 23 juin 1848 et du 13 juin 1849; car le mois de juin est toujours fatal aux insurrections : mais les insurrections victorieuses du 10 août, du 50 juillet et du 24 février ont été déclarées légitimes; toutes les inviolabilités de la veille ont été déclarées légalement violées, et tou-tes les limites imposées à la souveraineté du peuple, proclamées caduques et non avenues. Si bien que, depuis un demi-siècle, les législateurs de la sou-veraineté illimitée du peuple nous apparaissent détruisant sans interruption leurs œuvres inache-vées, et délayant toujours le ciment, qui assemble les pierres de leurs édifices, dans le sang même des ouvriers qui les construisent.

Par malheur, cette constante instabilité des ins-titutions, et cette évidente impuissance d'établir l'ordre politique dans l'État, ne sont pas encore les conséquences les plus funestes du droit illimité de la souveraineté du peuple. Il reste encore à si-gnaler un désordre plus affreux et plus irrépara-ble; un désordre que la première révolution nous

6.

avait révélé, et que la seconde étale plus ouvertè-
ment sous nos yeux. Il faut bien le reconnaître : du
droit illimité de trancher toutes les questions qui
intéressent la vie d'un peuple, du droit de bouleverser les lois sociales aussi bien que les lois politiques, en un mot, de ce droit absolu et indéfini
au socialisme, il n'y a qu'un pas ; car ce droit est le
principe générateur de la révolution sociale. Si Babœuf a échoué devant une réaction formidable, s'il
a porté sa tête sur l'échafaud, le socialisme est resté
attaché au droit illimité de la souveraineté du peuple ; et le jour où cette souveraineté a reparu, le
socialisme a demandé à en être la conséquence légitime et immédiate. On peut se roidir contre les
arrêts de la logique, on peut les suspendre par
d'héroïques efforts ; mais tant que la souveraineté
illimitée sera debout, le socialisme se croira toujours en droit de réclamer un décret d'avénement.

Les constituants de 1848 ont voulu imposer une
limite de temps au droit illimité de la souveraineté
du peuple ; ils ont, à l'exemple de leurs prédéces-
seurs, nié le droit dont ils s'étaient servis, et ils
ont par là rendu un hommage involontaire au
principe de la souveraineté du droit. Cette nouvelle inconséquence sera-t-elle plus heureuse que
les premières ? L'avenir seul peut le dire. Ce qui
reste certain, c'est que le droit illimité a été proclamé et mis en pratique, c'est qu'il faut reconnaî-

tre aujourd'hui son omnipotence, quelque périlleuse, quelque absurde qu'elle paraisse, sous peine de déclarer que toutes les insurrections victorieuses depuis un demi-siècle, et notamment celles du 10 août, du 30 juillet et du 24 février, sont aussi criminelles que les insurrections du 13 vendémiaire et du 23 juin 1848, c'est-à-dire, sous peine de reconnaître la souveraineté du droit.

On peut discuter à perte de vue, on n'échappera pas à la conséquence nécessaire et inévitable de la souveraineté du peuple, c'est-à-dire, à la souveraineté de la force, ou, comme vient de l'appeler un historien sincère, à la souveraineté de l'audace et de la terreur (1).

(1) Voyez l'*Histoire de la souveraineté du peuple en France*, par M. André Vigroux.

VI.

FORMES POLITIQUES. — RÉPUBLIQUE ET MONARCHIE.

Principe électif, principe héréditaire. — Intervention du principe héréditaire dans les républiques du moyen âge. — Il garantit le progrès de la civilisation dans les républiques comme dans les monarchies. — Solidarité de l'hérédité civile et politique.

———

Le pouvoir constituant traditionnel nous avait donné une monarchie représentative ; le pouvoir constituant révolutionnaire nous a donné plusieurs républiques et plusieurs monarchies.

Les unes et les autres ont inspiré tour à tour des dévouements qui se sont élevés jusqu'à l'héroïsme. Y aurait-il eu quelques méprises dans ces sublimes entraînements ? Il est permis de le croire ; il est même à craindre qu'elles ne se renouvellent encore plus d'une fois. Il est donc utile de donner ici une courte explication sur la portée de ces deux mots.

République, *respublica*, a longtemps signifié chez nous la chose publique. La monarchie française elle-même a été appelée république. Montesquieu est venu donner un sens plus précis à cette expression , lorsqu'il a dit : « Le gouvernement républicain est celui où le peuple en corps, ou seulement une partie du peuple, a la souveraine puissance. » L'usage a confirmé et complété cette définition ; de telle sorte que l'on entend aujourd'hui, par république, le gouvernement dans lequel le pouvoir est constitué périodiquement et par l'élection. En d'autres termes , République signifie : Établissement d'un pouvoir élu à terme.

Monarchie veut dire, littéralement, Pouvoir d'un seul ; mais l'usage a décidé, depuis longtemps, que le gouvernement monarchique était celui dans lequel le pouvoir se transmettait à un seul par l'hérédité. En d'autres termes , Monarchie signifie : Établissement d'un pouvoir unique et héréditaire.

Les mots *république* et *monarchie* ne représentent donc pas, comme on le dit à tort, l'idée d'un gouvernement représentatif ou absolu, mais seulement l'idée de la forme élective et de la forme héréditaire du pouvoir. Cela est si vrai, que les républicains eux-mêmes, quand ils parlent de monarchie, attaquent principalement le principe d'hérédité du pouvoir, quelles que soient d'ailleurs les institutions dont il est entouré : à leurs yeux, la plus mauvaise république vaut mieux que la meilleure des monarchies. Or, s'il est permis de dépouiller ainsi le principe héréditaire de tout ce qui ne s'y rattache pas directement, et de l'isoler complétement pour le juger, il doit être également permis de séparer le principe électif des institutions qui pourraient l'accompagner, et de l'isoler à son tour. Cette distinction est d'ailleurs conforme à la réalité des faits ; car nous voyons que toutes les libertés publiques se sont établies également sous le principe héréditaire et sous le principe électif. L'égalité devant la loi, et l'admission de tous aux emplois publics, ont été écrites dans les chartes monarchiques comme dans les chartes républicaines. Le suffrage universel lui-même a existé, sous le principe héréditaire, dans toute l'étendue compatible avec l'état social de l'époque monarchique.

Il n'y a donc aucun motif sérieux de discuter ici les questions de gouvernement représentatif ou absolu, et de se préoccuper des avantages qui peuvent se rencontrer également sous le principe monarchique et sous le principe républicain ; ces questions viendront plus tard. Ce qu'il faut examiner avant tout, ce sont les conséquences directes et immédiates de ces deux principes.

Ramené à ces termes simples et vrais, le débat

entre la république et la monarchie devient plus facile à juger.

Les conséquences directes du système républicain ne peuvent être appréciées dans l'histoire des républiques anciennes. Notre état social et politique est si différent de l'état social et politique du monde païen, qu'il n'y a de ce côté aucun enseignement à recueillir. Que pourrions-nous avoir de commun avec les républiques où Platon et Aristote voulaient que la terre fût cultivée par des esclaves, où l'agriculture était une profession si vile, que Lacédémone l'imposait aux Ilotes, la Crète aux Périéciens et la Thessalie aux Périestes; avec des républiques où le commerce était un métier si infâme, que des peines sévères étaient infligées aux citoyens qui osaient s'y livrer?

Les États-Unis d'Amérique eux-mêmes, quoique plus rapprochés de nous, se trouvent, par leur position géographique, par le maintien de l'esclavage, et par les considérations qui trouveront plus loin leur véritable place, dans une position tellement exceptionnelle, qu'il serait impossible d'en tirer une conséquence d'une application générale.

Les républiques suisses pourraient plutôt offrir un élément d'étude; mais leur sphère est si étroite, qu'elles ressemblent moins à des États qu'à des municipalités : il faut donc chercher ailleurs des leçons qui puissent intéresser la France.

Les premières républiques qui se présentent dans l'histoire, comme objet de comparaison, sont les grandes républiques européennes du moyen âge : celles de Florence, de Gênes et de Venise, par exemple, où le pouvoir était électif. Or, dans ces républiques, le principe électif apparaît comme un élément de trouble, une source intarissable de factions ennemies. La république florentine périt bientôt dans ces déchirements. L'ère franchement élective de la république de Venise n'offre elle-même qu'une suite non interrompue de discordes civiles; l'élection des magistrats est toujours une occasion de luttes sanglantes, dans lesquelles tous les chefs de la république, pendant plusieurs siècles, périssent de mort violente. C'est en constituant un principe héréditaire à côté du principe électif, pour en modérer les emportements ; c'est en créant une puissante aristocratie, que Venise est parvenue à s'abriter contre ces convulsions intérieures, et à former des hommes d'État dont la supériorité lui a assuré un si grand ascendant en Europe et en Asie. Enfin, c'est à cette même source que les institutions civiles de cette république ont puisé la stabilité à l'ombre de laquelle son commerce et son industrie ont pu s'assurer un monopole de plusieurs siècles.

Le plus grand fait qui se produit dans l'histoire des grandes républiques du moyen âge, c'est donc l'établissement d'un principe héréditaire à côté du principe électif, comme pour prouver que celui-ci ne pouvait exister sans le secours d'un puissant modérateur.

La république française de 93 n'a pas voulu de cette garantie ; elle a écarté résolûment de sa constitution jusqu'à l'ombre d'un principe héréditaire, et s'est exposée sans défense à toutes les conséquences du principe électif. On sait quel a été le résultat de cette épreuve, et de quel prix nous avons payé l'intronisation d'un principe électif sans contre-poids. On peut différer d'opinion sur les conséquences de l'épreuve nouvelle que les circonstances nous ont imposée; mais, sans discuter les espérances qu'on nous a données pour l'avenir, il est permis de constater que la première épreuve du principe électif a été aussi fatale en réalité qu'elle avait été séduisante en théorie; que la liberté y a toujours abouti à la licence, et le pouvoir à la dictature; qu'en un mot, la république n'a été jusqu'à ce jour, en France, qu'une forme légale de l'anarchie ou du despotisme.

C'est pour cela sans doute que le parti du désordre prétend mettre la république au-dessus du suffrage universel ; mais il est permis de lui dire qu'il méconnaît par là l'idée même de la république, qu'il subordonne le pouvoir constituant au pouvoir constitué, et la souveraineté du peuple à une simple forme d'autorité (1).

La conséquence directe de la monarchie, c'est-à-dire, du principe héréditaire, celle qui a toujours frappé l'attention de l'homme d'État, c'est la stabilité que ce principe donne aux institutions d'un peuple. On vient de voir que les républiques elles-mêmes n'avaient pu assurer leur durée qu'en faisant appel au concours d'un principe héréditaire.

Il y a des politiques qui prétendent que cette puissance de stabilité est chimérique, et ils appuient cette opinion sur les chutes réitérées de la monarchie. Il est évident que les institutions humaines ne sont pas immuables; il n'y a que les institutions divines qui aient ce privilége. Mais la chute de plusieurs monarchies n'empêche pas que le principe héréditaire ne porte en lui toute la stabilité dont les institutions politiques sont susceptibles. Consultez plutôt la durée moyenne des monarchies européennes : vous n'en trouverez pas une qui ne date de plusieurs siècles. Cette stabilité séculaire des institutions politiques est évidemment au-dessus de toute discussion ; cependant ce n'est pas le seul

(1) A ce point de vue, le système de M. de Girardin est plus conforme au principe de la révolution que celui des autres socialistes.

bienfait attaché au principe héréditaire : on lui doit une stabilité non moins féconde pour le bonheur des peuples, on lui doit cette confiance dans l'avenir qui ouvre à l'activité du commerce, de l'industrie et des arts des horizons infinis, et fait couler sans interruption toutes les sources de la prospérité nationale.

Ce glorieux apanage du principe héréditaire s'explique d'ailleurs par une considération digne de l'attention des législateurs, par l'heureuse harmonie de ce principe avec la loi naturelle la plus universelle et la plus imprescriptible. La loi commune de tous les êtres, c'est l'hérédité : l'homme naît de l'homme, la vie hérite de la vie ; il n'y a pas de solution de continuité entre les générations humaines depuis l'origine du monde ; ces générations sont les anneaux d'une chaîne qui ne se brise jamais ; elles se transmettent indéfiniment leur intelligence acquise, leurs notions des choses, leurs lois et leurs idées :

Vitæ sibi lampada tradunt.

Tous les trésors de la civilisation, que sont-ils ? un héritage ! L'imprimerie ? un héritage ! La boussole ? un héritage ! La poudre à canon ? un héritage ! La vapeur, que sera-t-elle demain ? un héritage ! Oui, l'hérédité est la loi la plus universelle et la plus féconde pour l'humanité ; et c'est l'heureuse affinité du principe héréditaire politique avec la loi de l'hérédité naturelle qui assure à la monarchie les avantages que l'expérience a reconnus.

Au reste, les principes de l'hérédité naturelle et de l'hérédité politique sont tellement solidaires, que partout où, depuis cinquante ans, le principe héréditaire politique a complétement disparu, on en est venu bientôt à contester l'hérédité civile, qui est dans l'ordre social la formule de l'hérédité naturelle.

Il serait superflu d'insister plus longtemps sur les conséquences directes du principe électif et du principe héréditaire ; ce qui vient d'être dit suffit pour démontrer que le premier n'a jamais pu exister sans l'appui du second, et que les législateurs ont toujours cherché la stabilité des républiques dans le concours des institutions monarchiques. Il est temps d'apprécier les institutions qui peuvent également se rattacher à la république ou à la monarchie.

VII.

DU POUVOIR ABSOLU ET DE LA LIBERTÉ POLITIQUE.

Rapport nécessaire entre la liberté et la civilisation. — Là dignité de l'homme désintéressée dans la question. — La meilleure sauvegarde de la liberté, c'est la monarchie.

———

Toutes les combinaisons législatives que le génie moins heureux que fécond des législateurs a inventées pour constituer un système de pouvoir représentatif, ou un système de pouvoir autocratique, peuvent se réduire à deux termes généraux, à deux systèmes bien tranchés de gouvernement : à celui qui refuse au peuple l'exercice des droits politiques, et à celui qui lui accorde tout ou partie de ces droits; au système du pouvoir absolu et au système de la liberté politique. Telles sont les deux synthèses qui embrassent toutes les combinaisons possibles de gouvernement. Il va sans dire qu'il n'est pas ici question du pouvoir absolu dans le sens qu'on lui donne quelquefois; on ne discute pas la tyrannie et l'arbitraire, qui sont toujours exécrables : le pouvoir absolu, qui fait les lois, doit en même temps les respecter. Il faut dire à tous les pouvoirs, avec Sully : « La première loi des dominations légitimes est l'obéissance volontaire des sujets à leurs rois, et celle de l'absolue déférence des rois aux statuts et ordonnances des états qu'ils ont jurés en prenant possession d'iceux (1). »

Posée dans ces termes précis et extrémes, la question du pouvoir absolu et de la liberté politique devient facile à résoudre ; on peut la réduire à une simple question d'opportunité.

Chez un peuple où la civilisation commence à pénétrer, le pouvoir absolu peut être nécessaire ; il est à ce peuple ce que l'autorité paternelle est à des enfants mineurs incapables de se gouverner. Chez un peuple civilisé, au contraire, la liberté politique est nécessaire : c'est l'émancipation de l'autorité paternelle accordée à des enfants que l'âge, l'éducation et l'intelligence ont rendus dignes de la liberté. Après tout, rien n'est plus vulgaire que cette vérité ; elle est proclamée tous les jours par les hommes les plus sincèrement dévoués à la liberté,

____

(1) *Mémoires de Sully,* pag. 1.

lorsqu'ils disent que tel ou tel peuple n'est pas mûr pour telle institution.

Les philosophes du xviiie siècle sont parvenus à compliquer cette question, en faisant intervenir dans le débat l'intérêt de la dignité humaine ; c'est comme s'ils avaient dit que l'autorité d'un père de famille sur des enfants mineurs peut offenser l'indépendance de l'esprit humain. Il est vrai que cette autorité est quelquefois mise en question par des enfants mal élevés ; mais ce n'est pas apparemment dans ces étranges prétentions que le législateur doit chercher un exemple.

Au reste, sur le terrain des philosophes du xviiie siècle, la discussion a toujours été interminable et elle le sera toujours, parce que la question est mal posée. Les institutions politiques ne peuvent pas être un objet de satisfaction pour les besoins de notre esprit, elles ont un but plus élevé : elles doivent, avant tout, assurer l'harmonie entre les membres du corps politique. C'est ainsi que la question a été posée par l'apologue célèbre du mont Aventin. La passion de la liberté politique peut être noble entre toutes les passions ; mais, après tout, c'est une passion : la mission du législateur n'est pas de la satisfaire, mais de la régler selon les nécessités des temps. En politique, il est également insensé de dire : *Tout* par le peuple, et *Rien* par le peuple. La liberté doit marcher du même pas que la civilisation, sans jamais la devancer ni se laisser devancer par elle. Là est le problème à résoudre, là est la véritable difficulté. Comment apprécier exactement le degré de civilisation auquel un peuple est arrivé? Comment le suivre dans le développement de son intelligence et de son éducation? A quels signes peut-on reconnaître qu'il a acquis de justes notions de ses droits et de ses devoirs? Évidemment, la tâche est difficile; le législateur le plus intelligent sera toujours embarrassé quand il s'agira d'établir, s'il est permis de s'exprimer ainsi, une équation mathématique entre les institutions et la civilisation d'un peuple. Il pourra toujours craindre d'aller au delà ou de rester en deçà de la vérité! C'est pourquoi la liberté présente toujours un danger à côté d'un bienfait; c'est pourquoi elle a souvent été repoussée par des esprits sérieux; c'est pourquoi, plus souvent encore, et surtout dans ces derniers temps, elle a apporté tant de déceptions à ses amis les plus sincères.

Cependant la crainte des périls qui l'environnent ne doit pas nous entraîner à abandonner sa cause: le divorce avec la liberté a aussi ses périls, on n'enraye pas l'opinion publique comme on enraye le développement d'une législation; on donne aux agitateurs des prétextes spécieux pour soulever les passions, et on prépare des explosions qui ne laissent pas subsister un seul débris de l'édifice qu'on avait voulu conserver intact.

Mais comment choisir une voie sûre entre ces deux écueils? Existe-t-il un moyen d'échapper aux erreurs d'un système mal calculé de progrès ou de résistance? Malheureusement, non ; le juste-milieu est une chimère; nous en connaissons une éclatante épreuve. Le salut n'est pas là ; il est dans l'établissement d'une forme de gouvernement assez robuste pour résister aux développements prématurés de la liberté politique, et, pour le dire franchement, il est dans la question de savoir s'il faut mettre la liberté politique sous la garde de la république ou sous celle de la monarchie.

La république, c'est-à-dire le principe électif, peut-il offrir à cet égard quelque sécurité? Non ! car il est lui-même mis en péril par le développement excessif qu'il donne à la liberté. Ce résultat n'est plus une simple hypothèse : la révolution nous a donné des exemples assez multipliés pour convaincre les plus incrédules.

Montesquieu a dit que la vertu était le principe du gouvernement républicain, et l'on a souvent répété ces paroles, mais on ne leur a pas donné leur véritable sens. Montesquieu pensait que la vertu était nécessaire à un tel gouvernement, parce que moins le pouvoir du peuple est limité par les lois, plus il est nécessaire qu'il soit limité par la

seule force qui puisse suppléer à celle des lois, par
la force de la vertu. Il termine d'ailleurs le livre
qui traite de la république et de la monarchie par
cette réflexion : « Tout ceci ne signifie pas que,
« dans une certaine république, on soit vertueux ;
« mais qu'*on devrait l'être*, sans quoi le gouverne-
« ment sera imparfait (1). » Cette conclusion est
pleine de vérité : sous la forme républicaine le développement des libertés est un danger qu'aucune
institution ne peut contre-balancer ; la vertu seule
peut opérer ce miracle.

La monarchie, c'est-à-dire le principe héréditaire, a moins à redouter les méprises du législateur dans le développement de la liberté politique ;
ses écarts et ses inconséquences seront toujours ré-
primés par le principe auquel il ne lui est pas permis de toucher ; il arrivera peut-être que des jours
d'orage viendront jeter le trouble dans l'État ;
mais l'édifice, ébranlé un moment, restera toujours
debout sur sa base.

Voulez-vous le témoignage incontestable de cette
vérité ?

Ouvrez l'histoire, et vous verrez comment la
république, en précipitant le triomphe complet de
la liberté, a toujours été son tombeau. Il y avait
à peine dix ans que les Romains avaient aboli la

_____

(1) Voyez Montesquieu, *Esprit des lois*, liv. III, chap. 11.

royauté, qu'ils étaient obligés de créer, sous le nom de dictateur, un roi plus absolu que ceux qu'ils avaient chassés ; et, en moins de deux siècles, la maîtresse du monde a été plus de deux cents fois soumise à des dictateurs. A Venise, les inquisiteurs d'État devinrent en peu de temps la plus illimitée et la plus formidable des dictatures. La république de 1793 a presque toujours été dominée par un despotisme tout-puissant : les coups d'État se sont succédé sans interruption, sous la Convention et le Directoire ; le pouvoir était toujours absolu sous des formes diverses de république ; le 18 brumaire n'a été lui-même qu'un dernier effet de cette dictature permanente, et l'on n'a eu que les noms à changer pour arriver à l'empire. Enfin, la république de 1848 compte déjà plus de jours d'état de siége que de jours d'indépendance, tant il est vrai que la liberté porte toujours plus d'ombrage à un gouvernement républicain, qu'elle ne peut en porter à un pouvoir monarchique !

A la question posée plus haut, on peut donc répondre avec certitude : C'est l'état de civilisation d'un peuple qui seul rend la liberté nécessaire, c'est à l'échelle de ses connaissances qu'il faut la mesurer ; et, pour conjurer les périls inévitables d'un développement excessif de la liberté, la monarchie sera toujours une meilleure sauvegarde que la république.

VIII.

ARISTOCRATIE, DÉMOCRATIE.

L'aristocratie à Venise, en France et en Angleterre. — La démocratie à Athènes, à Rome et aux États-Unis. — Aristocratie de la liberté et de la couleur. — Démocratie moderne. — Opinion de l'abbé de Lamennais. — Souveraineté de la raison. — Préface du communisme.

———

L'esprit révolutionnaire, qui a dénaturé et calomnié tant de choses, a prêté à l'aristocratie un but odieux qu'il serait injuste d'admettre. Les hommes sérieux ont toujours considéré l'aristocratie comme l'institution d'un corps politique ayant une mission d'intérêt public, et particulièrement adonné au service de l'État, c'est-à-dire, d'un corps étranger aux professions qui absorbent l'activité et l'intelligence dans un but d'intérêt privé, et voué, au contraire, aux occupations qui développent les sentiments d'abnégation et de patriotisme. Nous trouvons ce caractère politique sous des formes diverses, dans le patriciat vénitien, dans l'ordre de la noblesse en France, et dans l'institution de la pairie anglaise.

On a pu apprécier, plus haut, les services rendus par les institutions aristocratiques, et par la seule puissance de leur principe héréditaire, aux républiques de Rome, de Gênes et de Venise; mais c'est surtout le dévouement de ces grands corps politiques à tous les besoins de l'État, qu'il importe de rappeler. Le patriciat vénitien en particulier a offert, sous ce rapport, le modèle d'une véritable aristocratie. Il ne s'est pas présenté un acte d'héroïsme guerrier, pas une œuvre de vertu chrétienne, pas un sacrifice de la vie ou de la fortune, que l'aristocratie vénitienne n'ait revendiqué l'honneur d'accomplir. Son histoire est celle des plus beaux temps de la république, des guerres les plus glorieuses, des entreprises commerciales les plus hardies, des traités de paix les plus honorables, des négociations diplomatiques les plus habilement dirigées.

Si nous portons nos regards vers la France, nous y trouvons également un corps de familles dévouées héréditairement au service de l'État dans les deux seules professions publiques et politiques, la justice et les armes. Nous voyons l'aristocratie française garder le dépôt fidèle des lois civiles et politiques dans la magistrature, et s'immoler sur tous les champs de bataille à l'honneur et à l'indépendance de la patrie. Toujours désintéressée, toujours disponible pour les grands services publics, l'aristocratie a résumé elle-même sa mission dans ce proverbe célèbre : « Noblesse oblige. »

On a souvent reproché à l'aristocratie française de n'avoir pas payé d'impôt ; mais on n'a pas fait attention qu'elle était peu appointée dans le service militaire, et pas du tout dans le service judiciaire. Montesquieu l'a déjà remarqué, la noblesse servait l'État, en temps de paix, avec le revenu de son bien, et, en temps de guerre, avec le capital ; de telle sorte qu'elle a supporté, pendant plusieurs siècles, tous les frais des guerres nationales, et soldé la plus forte part du budget, celle qui, depuis la révolution, a coûté plusieurs milliards au pays.

Le dernier acte de la noblesse française, dans la nuit célèbre du 4 août, a été un acte d'abnégation et de dévouement personnel accompli dans l'espoir de rétablir l'union dans la grande famille française. Si cet holocauste volontaire n'a pas porté d'heureux fruits, il faut s'en prendre à ceux qui ont eu l'ingratitude de dédaigner un gage de réconciliation, après avoir eu l'imprévoyance de le demander.

En Angleterre, où l'orgueil des philosophes du

dix-huitième siècle n'a pas pénétré, et où il n'a pas fait des institutions aristocratiques une question de vanité blessée pour les uns et de vanité insolente pour les autres ; en Angleterre, l'aristocratie a conservé toute la puissance et toute la fécondité de son principe. Les vices mêmes qui ont entaché sa naissance, les spoliations et les proscriptions qui ont été l'origine de ses biens, n'ont pu ôter à l'institution politique ses avantages : régénérée par une disponibilité perpétuelle pour le service public et par l'émulation du patriotisme, l'aristocratie anglaise, malgré le petit nombre de ses membres, a toujours donné à la patrie le plus riche contingent en hommes d'État et en grands capitaines. De même que les patriciens de Venise conservaient héréditairement, sous des pouvoirs viagers, les traditions de l'intérêt et de la gloire de la république, de même l'aristocratie anglaise, malgré l'inconstance des majorités parlementaires, perpétue dans la marche du gouvernement les traditions des intérêts permanents de la monarchie.

Après avoir restitué à l'aristocratie son véritable caractère, il convient aussi de rendre à la démocratie sa signification réelle et de la distinguer de la démagogie, qui donne exclusivement à la populace la suprême autorité. Ce qui caractérise la démocratie moderne, c'est l'admission de tous les citoyens à l'exercice de l'autorité politique, sans aucune distinction de naissance, d'éducation ou de services rendus. C'est cette démocratie que la constitution de 1793 avait essayé d'établir, et que la constitution de 1848 vient de proclamer une seconde fois souveraine.

Cette organisation de la démocratie est nouvelle; jamais l'histoire n'en avait donné l'exemple. Les républiques anciennes, que nous sommes habitués à prendre pour des démocraties, étaient fondées sur des bases essentiellement différentes.

Si vingt mille Athéniens libres prenaient part à la direction des affaires, il y avait quatre cent mille Athéniens esclaves qui n'avaient pas droit d'assister aux assemblées du Pnyx. La démocratie souveraine d'Athènes était une véritable aristocratie, qu'on pourrait appeler l'*aristocratie de la liberté*. La démocratie était dans la même situation à Lacédémone et dans les autres républiques grecques. Après tout, il importe peu de discuter cet état de choses, car le problème des temps modernes n'est pas de constituer la démocratie dans des bourgades.

A Rome, le pouvoir démocratique était, comme en Grèce, le privilége d'une classe de citoyens ; et, malgré cet avantage, la démocratie est tombée sous la dictature des factions, aussitôt que les guerres puniques ont cessé d'occuper l'esprit public par la menace d'un danger sérieux. Dans la suite, Rome a fait de vaines tentatives pour revenir à la liberté démocratique ; elle a pu vaincre ses tyrans, jamais la tyrannie.

Dans des temps plus rapprochés , l'Angleterre a voulu se donner des institutions démocratiques , et Montesquieu a raconté cette entreprise dans des termes qui semblent écrits pour notre époque : « Ce fut un assez beau spectacle dans le siècle passé, dit l'auteur de l'*Esprit des Lois*, de voir les efforts impuissants des Anglais pour établir parmi eux la démocratie. Comme ceux qui avaient part aux affaires n'avaient point de vertu ; que leur ambition était irritée par le succès de celui qui avait le plus osé (Cromwell) ; que l'esprit d'une faction n'était réprimé que par l'esprit d'une autre , le gouvernement changeait sans cesse ; le peuple étonné cherchait la démocratie , et ne la trouvait nulle part. Enfin , après bien des mouvements, des chocs et des secousses , il fallut se reposer dans le gouvernement même que l'on avait proscrit. »

Le nouveau monde semble avoir mieux réussi : on nous montre avec orgueil la démocratie américaine , le jeu régulier de ses institutions politiques, et le progrès de sa civilisation. Les institutions de la république des États-Unis sont-elles démocratiques? sa civilisation est-elle un progrès ? Il sera permis peut-être d'exposer ici quelques doutes à ce sujet.

Il dépendait assurément du fondateur de la république américaine de constituer un pouvoir démocratique sans alliage ; mais il ne l'a pas voulu. Les luttes de Washington contre l'esprit démocratique ont occupé une grande partie de sa vie politique ; il a toujours compris la nécessité de donner un contre-poids à cette force irrégulière, et c'est dans ce but qu'il a placé le sénat à côté de la chambre des représentants. Telle a été sa persistance à soutenir ce système pondéré, que ses adversaires, et notamment Jefferson, ont osé l'accuser de vouloir rétablir la monarchie.

D'un autre côté, les circonstances ont permis qu'il s'établît aux États-Unis d'Amérique, en face de la démocratie, deux aristocraties nouvelles et formidables, l'aristocratie de la liberté et l'aristocratie de la couleur. L'une, constituée par les lois, absolue et sévère comme l'aristocratie athénienne, et daignant à peine honorer l'esclave du nom d'homme ; l'autre, établie par les mœurs d'une manière plus inviolable que si elle reposait sur la loi, et creusant, entre les races blanches et les races plus ou moins noires, un abîme infranchissable. Malheur à l'homme de race européenne qui verrait un semblable dans celui qui garde la moindre trace du sang américain ! Les mariages mixtes sont frappés d'anathème ; un noir n'ose pas même prier à côté d'un blanc : l'aristocratie de la couleur a ses heures pour assister au service divin dans les temples, où tous les hommes devraient être égaux.

Ceux qui proposent à l'admiration de l'Europe la démocratie américaine se gardent bien de nous laisser voir ces ombres du tableau ; ils ne nous parlent que des succès matériels de la civilisation , et, de ce côté, que d'illusions encore ! Étrange progrès que celui qui consiste à dépouiller violemment les tribus indigènes des territoires qui leur appartiennent, et à mettre en coupe réglée des sociétés entières ! Il est assurément très-louable de civiliser des contrées sauvages , mais on ne peut admettre que le but justifie les moyens.

Pour trouver une démocratie sans alliage , une égalité politique absolue, il faut venir en France : là est le foyer de la démocratie moderne ; là sont les constitutions qui ont décrété inopinément un État démocratique absolu ; mais déjà cette tentative a été appréciée plus sévèrement par les écrivains contemporains, que ne le fut celle des Anglais par Montesquieu. M. de Lamennais, dans l'ouvrage qui a fondé sa réputation , ne s'est même pas occupé de savoir si les législateurs de 93 avaient bien ou mal compris la France en voulant y établir des institutions démocratiques ; il va droit au principe même de la démocratie, et le condamne sans hésiter. « Rien de stable, dit-il, dans les principes,

« dans les institutions, dans les lois (de la démo-
« cratie)... Une force irrésistible pousse et agite les
« hommes; ce qui se trouve sur la route, quel
« qu'il soit, est foulé aux pieds : ils avancent, re-
« viennent, avancent encore, et tout l'ordre social
« devient pour eux comme un chemin de passage...

« Il y a dans les esprits une certaine indocilité,
« dans les cœurs un certain mépris haineux et dé-
« fiant pour l'autorité, qui fait qu'on cède et qu'on
« n'obéit pas...

« La *médiocrité* réussit mieux dans les démo-
« craties que le vrai talent, surtout lorsqu'il s'allie
« à un noble caractère. La *flatterie*, la *servilité*, la
« *bassesse*, une *fausse habileté* souple et patiente,
« conduisent plus sûrement aux emplois que le gé-
« nie et la vertu, chez les peuples qu'on appelle li-
« bres. Le génie d'ailleurs, et même le talent, s'il
« avait quelque chose d'élevé, rencontrerait trop
« de difficultés, trouverait trop d'obstacles à ses
« entreprises dans un État démocratique...

« Il ne restera pas un seul trône debout : quand
« viendra le *souffle des tempêtes* dont parle l'es-
« prit de Dieu, ils seront emportés *comme la paille*
« *sèche et comme la poussière.* La révolution an-
« nonce ouvertement leur chute, et à cet égard
« elle ne se trompe point; ses prévoyances sont
« justes.

« Mais en quoi elle se trompe *stupidement*, c'est

« de penser qu'elle établira d'autres gouvernements
« en place de ceux qu'elle aura renversés, et qu'avec
« des doctrines toutes destructives elle créera quel-
« que chose de stable, un ordre social nouveau. Son
« unique création *sera l'anarchie*, et le *fruit de ses*
« *œuvres, des pleurs et du sang.* »

M. de Lamennais a renié ses écrits ; il adore aujourd'hui ce qu'il avait méprisé : mais son opinion
d'autrefois a été justifiée par les événements d'une
façon assez éclatante pour mériter de faire autorité
à côté de l'opinion de Montesquieu.

Afin de compléter le jugement des contemporains sur la valeur des institutions démocratiques
appliquées à un grand peuple, il faut encore citer
les observations pleines de justesse qui se trouvent,
relativement à ce point de vue de la question, dans
le livre d'un illustre successeur de saint François
de Sales : « La démocratie, écrivait dernièrement
« Mgr d'Annecy, ne peut convenir qu'à des peu-
« plades peu nombreuses. Là où tout le monde doit
« pousser de la main le char de l'État, il faut être
« à portée, sous peine de perdre ses droits de sou-
« verain. Une république dont l'étendue dépasse-
« rait un jour de marche, blesserait essentielle-
« ment l'égalité, principe fondamental de toute
« démocratie. A mesure que la maison du citoyen
« s'éloigne de la place publique où se font les déli-
« bérations, sa liberté diminue, et sa souveraineté

« n'est plus qu'un mensonge dès l'instant où il est
« trop loin pour en jouir. C'est ce qui a fait dire
« avec raison que, chez les Romains, la liberté était
« dans Rome, et l'esclavage partout au dehors. »

Après tant de témoignages et tant d'expériences,
il serait insensé de ne pas oser dire, avec M. de
Lamennais et Mgr d'Annecy, que les institutions
démocratiques sont une chimère pour les grands
peuples, et un péril certain pour tous ; que l'esprit
démocratique est surtout un esprit impérieux et
désordonné qui foule aux pieds tout ce qui se trouve
sur son passage ; un esprit *indocile*, *haineux* et *dé-
fiant* qui *cède* à l'autorité et ne lui *obéit* jamais ;
un esprit enfin qui détruit tout ce qui existe, et ne
peut y substituer que *des pleurs* et *du sang*.

Cet esprit, on peut l'affirmer, n'est pas l'esprit
naturel du peuple. Le peuple, dans le sens restreint
de ce mot, ne prétend pas à la domination ; il se
rend mieux justice, son bon sens ne le trompe jamais ; il sait parfaitement qu'il n'est pas élevé pour
traiter les affaires publiques, et que son éducation
ne lui a rien appris du service de l'État ; il laisse
volontiers à l'aristocratie ce dangereux privilége ;
il faut lui faire violence, en quelque sorte, pour
le conduire partout où il y a un pouvoir politique à
exercer. Toutefois il y a au sein du peuple laborieux,
ami de l'ordre et de ses devoirs, du peuple qui a le
sentiment de son insuffisance politique, il y a une

9

fraction de peuple, ou, pour mieux dire, une faction ennemie de l'ordre et du travail, une faction ambitieuse et avide de jouissances, qui prétend résoudre des questions qui ne sont pas à sa portée, et lire dans un livre dont elle ne connaît pas l'alphabet. C'est cette faction, recrutée dans tous les rangs de la société, qui soulève le peuple paisible et l'entraîne sur les places publiques, qui le trompe toujours pour le dominer, et qui le pousse à des excès qu'il regrette tôt ou tard, car il ne les avait pas prémédités.

En théorie, le système démocratique c'est la souveraineté exercée par le peuple tout entier ; en réalité, c'est la souveraineté de la présomption ; c'est quelque chose de plus encore : c'est la préface du communisme politique, c'est un partage si égal des droits politiques ; que jamais le socialisme ne parcellera la terre en fractions semblables, et que jamais la triade ou le phalanstère n'établiront une égalité plus parfaite entre la paresse et l'activité, la stupidité et l'intelligence, le vice et la vertu.

Il est malheureusement vrai que, depuis cinquante ans, les hommes politiques ont méconnu ces vérités, et aplani les voies au torrent de la démocratie. A ceux qui poussaient le cri d'alarme, les uns se contentaient de répondre, avec une résignation fataliste : *La démocratie coule à pleins bords ;* les autres, qui se croyaient plus prévoyants, cédaient, chaque jour, un pouce de terrain au torrent, dans l'espoir de régler son cours en élargissant son lit. Inutiles concessions ! le torrent n'a pas cessé de déborder , l'inondation est allée submergeant toutes les positions plus ou moins élevées, et l'esprit démocratique, encouragé par les satisfactions données à son orgueil, veut aujourd'hui des satisfactions d'une autre sorte : il nous laisse apercevoir que le nivellement socialiste est sa dernière et inévitable prétention (1).

Faut-il espérer que la société sera enfin avertie par ces menaçantes perspectives? Comprendra-t-elle que l'orgueil qui appelle le règne de la démocratie est toujours impuissant à la fonder ? Osera-t-elle se mettre en travers du torrent, et le forcer à rentrer dans son lit? Écoutera-t-elle les avis des hommes les plus éminents et les moins suspects, parmi lesquels nous nous félicitons de compter aujourd'hui M. Guizot et M. Thiers ? Il est temps qu'elle y songe ! Le torrent est encore contenu par la puissance des armées régulières, et les dernières positions de la société ne seront pas emportées tant que le soldat croira de son devoir de les défendre ; mais depuis

(1) On a vu, dans ces derniers temps, des orateurs de clubs déclarer que l'institution des recteurs d'académie et des chefs d'atelier étaient des institutions aristocratiques; et c'est parce que cette déclaration est conséquente au point de vue démocratique, que nous combattons la démocratie.

qu'on lui a permis d'abandonner les premières en 1830 et en 1848, depuis qu'on n'a pas craint de l'en féliciter, on n'a plus le droit de compter aveuglément sur la discipline ; et il faut bien que la société elle-même réprime son esprit démocratique, sous peine de tomber dans l'*an*-archie de M. Proudhon, en passant par les sanglants présages de M. de Lamennais.

Personne ne demande que les anciennes institutions aristocratiques soient rétablies là où l'aristocratie a été décimée ; l'épreuve de 1814 n'a pas été assez heureuse pour encourager le législateur à la renouveler. Mais force est de reconnaître qu'il importe à la grandeur et à la prospérité d'un peuple de conserver son aristocratie, quand il est assez heureux pour en avoir une.

Il y a des services que tous les trésors du monde ne peuvent acheter ; l'aristocratie a créé pour ces services exceptionnels le budget des distinctions honorables, afin de dégrever la dette publique. Si cette liste civile de l'honneur est lourde à l'orgueil, elle est heureusement légère au trésor.

La démocratie, au contraire, veut que tous les services publics soient payés en écus. Les distinctions honorifiques sont, à ses yeux, de la fausse monnaie : c'est pourquoi elle demande toujours que la Légion d'honneur soit abolie, et que les représentants de la nation soient payés comme des commis. Dans l'état démocratique, l'orgueil obtient quelques satisfactions; mais la bourse du contribuable s'épuise, la fortune des propriétaires devient le patrimoine des fonctionnaires salariés, et le communisme commence à s'établir avant d'être décrété.

IX.

IMPERFECTION DES INSTITUTIONS POLITIQUES.
— IMPUISSANCE DE LA RÉVOLUTION.

Antagonisme des anciens ordres. — Antagonisme nouveau et
plus ardent de la richesse et de la misère. — M. Proudhon et
les révolutionnaires. — La révolution tourne dans le même
cercle.

———

Admettre, avec les plus grands écrivains, que la
tradition nationale soit la base la plus sûre et la
source la plus légitime des institutions politiques,
ce n'est pas prétendre que la tradition soit infail-
lible, ni que ses œuvres soient parfaites. Reconnaître que le service de l'État soit mieux assuré
par l'aristocratie que par la démocratie, la liberté
plus réelle et plus sûre dans la monarchie que dans
la république, ce n'est pas avoir une confiance illimitée dans les formes de gouvernement. Ce qu'il
est permis de conclure de l'exposé des chapitres

précédents, c'est que les fictions politiques les plus savantes, les stratagèmes législatifs les plus ingénieux ne suffiront jamais à assurer la parfaite harmonie du corps politique; le choix n'est possible qu'entre les différents degrés d'imperfection : tout système qui promet la perfection est une utopie.

Cette conclusion ne doit pas étonner. Elle est la conséquence de l'imperfection de l'esprit humain, qui ne permet pas à l'homme de faire un contrat politique parfait. Ce qui doit surprendre à plus d'un titre, c'est l'infatuation des législateurs qui ont méconnu cette incontestable vérité, et qui, pour obtenir des institutions irréprochables (il s'agit ici, comme on le voit, des législateurs bien intentionnés), ont précipité la France dans un abîme de déceptions et de misères !

Oui, c'est l'espoir insensé d'arriver à des combinaisons politiques capables de réaliser tous les vœux et tous les besoins d'un peuple, c'est cette aveugle ambition qui a bouleversé la France et l'Europe depuis un demi-siècle. Rien n'est plus instructif que de voir à l'œuvre les architectes de la révolution entraînés par l'orgueil de la raison à la recherche de l'absolu, et ramenés sans cesse, par la force des choses, au point de départ. Vingt fois ils ont fait table rase pour édifier un contrat politique nouveau, et vingt fois ils ont échoué. En 89, on les avait aidés de bonne foi et avec une confiance digne d'un meilleur sort ; la nuit du 4 août (on ne saurait trop le rappeler), nous a laissé le souvenir d'une abnégation sans exemple, d'un entraînement politique sans limites ; on a pu arracher, en quelques heures, les fondements d'un édifice que les siècles précédents avaient élevé, et on a laissé toute liberté d'en construire un nouveau sur des fondements qui semblaient devoir résister à tous les orages ; mais à la première secousse les nouvelles fondations ont fléchi, et d'autres architectes sont venus, qui ont voulu bâtir à leur tour sur de plus nouveaux plans : un jour ils ont pris pour base une assemblée unique, mais le lendemain il leur en fallut deux. Ils cherchaient toujours la perfection sans pouvoir la trouver. Ils avaient cru toucher le but en l'an III ; on s'accordait même à dire que la constitution du 12 août 1795 était plus savamment combinée que celles qui avaient précédé : l'expérience, disait-on, avait porté ses fruits ; on regardait avec orgueil le conseil des Anciens et celui des Cinq Cents comme une intelligente correction des vices de l'assemblée unique ; on se vantait de n'avoir rien oublié dans ce nouveau contrat politique ; on y avait écrit les devoirs de l'homme à côté de ses droits ; on y avait décrété que pour être *bon citoyen il fallait être bon fils, bon père et bon époux ;* que celui *qui violait les lois était indigne de l'estime des hommes ;* en un mot, il y avait un code social complet à côté du code politique. Mais bientôt il fallut renoncer à ce chef-d'œuvre comme à tous les autres, et se remettre à bâtir sur des fondements nouveaux : on a créé des assemblées à vie, des consuls à vie, et enfin un empire héréditaire; toujours très-légalement, car on a toujours délibéré et statué au nom du principe de la souveraineté illimitée du peuple. En dernière analyse, l'empire lui-même est tombé avec la gloire qui lui avait servi de trépied, et force a été de revenir à l'ancienne monarchie.

La révolution avait tourné dans le même cercle pour revenir à son point de départ. Dans cette course périlleuse, quel résultat a-t-elle obtenu? à quoi ont abouti ses efforts pour atteindre la perfection si vivement et si librement poursuivie? A cacher les imperfections politiques sous des noms nouveaux. Quel enseignement nous a-t-elle donné? Plus elle s'est éloignée de la constitution traditionnelle, qu'elle avait déclarée imparfaite, plus ses œuvres ont été impuissantes et éphémères: si elle est parvenue à donner quelque stabilité à ses établissements, c'est lorsqu'elle les a rattachés aux traditions de la vieille France. C'est ainsi que l'empire, et plus tard la royauté de 1830, qui se distinguent entre tous les établissements révolutionnaires par leur durée, par l'éclat ou le repos qu'ils ont donnés au pays, sont en même temps les gouvernements qui se sont le moins éloignés de la constitution traditionnelle ; c'est cette ressemblance qui les a fait vivre, de même qu'une rupture absolue avec toutes les traditions nationales avait rendu précaire l'existence des républiques de 93, 95 et 99. Plus les architectes de la révolution se sont confiés à leur propre science, plus ils ont été impuissants ; plus ils se sont séparés du passé, moins ils ont été maîtres de l'avenir.

Lorsqu'on voit les peuples attaquer les institutions qui les ont régis pendant plusieurs siècles, et mépriser les principes qu'ils ont vénérés, on croit que les peuples se sont transformés, et que le moment est venu de leur donner des principes nouveaux et des institutions nouvelles. On ne fait pas attention que l'intelligence et la réflexion, qui conseillent les sages réformes, n'inspirent jamais les révolutions ; celles-ci sont toujours le résultat d'une maladie des peuples, d'une effervescence des passions, auxquelles le meilleur des gouvernements est toujours insupportable. Ce serait le cas de comprimer les passions pour rendre aux peuples la santé et aux réformes une allure régulière, ou d'attendre que la fièvre révolutionnaire fût calmée pour ramener les peuples aux principes qu'ils ont vénérés : malheureusement c'est alors que les législateurs s'imaginent qu'il est à propos d'écouter les passions et de les émanciper ! Erreur fatale qui précipite les peuples dans le désordre le plus effréné, erreur dont l'histoire de la révolution nous a donné un mémorable exemple.

Dans l'ancienne monarchie, la division de la nation en trois ordres, le clergé, la noblesse et le tiers, avait abouti à un fatal antagonisme entre les deux premiers et le troisième. On ne s'est préoccupé que de l'effet sans remonter à la cause, et on a cru détruire l'antagonisme en supprimant les ordres, à la manière des socialistes, qui croient détruire l'adultère et le vol en supprimant le mariage et la propriété. La cause de l'antagonisme, c'était l'avénement de l'esprit démocratique, créé lui-même par l'esprit de négation et de révolte que la philosophie du dix-huitième siècle avait préconisé. En sacrifiant les anciens ordres à cet esprit on ne l'a pas modéré, on l'a encouragé ; l'antagonisme a été déplacé, et non détruit ; sur les débris des ordres renversés, deux ordres nouveaux ont surgi : l'ordre de ceux qui avaient quelque chose, et l'ordre de ceux qui n'avaient rien. Ces ordres n'ont pas réussi à se constituer légalement sous les dictatures révolutionnaires, et ils ont un moment disparu sous l'éclat de la dictature impériale ; mais la loi électorale du 5 septembre est venue leur donner une nouvelle investiture, en fondant le droit d'élection sur la fortune ; et la charte de 1830 a achevé ce que la loi du 5 septembre avait commencé, en renversant la pairie héréditaire, dernier et faible vestige des anciens ordres, et en réservant la capacité politique exclusivement aux censitaires. Ceux qui payaient 200 francs de contribution ont été investis de tous les droits de citoyen ; ceux qui ne payaient pas 200 francs ont été des ilotes politiques ; et depuis ce jour un antagonisme nouveau s'est développé sans diversion, un antagonisme politique flanqué de l'antagonisme de la fortune et de la misère, et excité, par ce fatal concours, à des entreprises d'extermination plus ardentes et plus barbares que celles que la première révolution avait excitées entre les anciens ordres et la monarchie. La lutte avait changé d'objet, et reçu un nom nouveau. C'était au dix-huitième siècle une guerre politique, c'est aujourd'hui une guerre sociale ; c'était l'antagonisme de la noblesse et du tiers, c'est aujourd'hui l'antagonisme du prolétaire et du *bourgeois* ; mais c'est toujours l'esprit de négation et de révolte qui inspire ce nouvel antagonisme.

M. Proudhon remarquait dernièrement que, le lendemain des révolutions, les révolutionnaires n'avaient jamais su tirer parti de la révolution ; il s'en étonne, il gourmande vertement Robespierre de n'avoir rien *organisé* en quatorze mois de dictature : mais rien n'a été plus naturel. Si Robespierre avait le pouvoir de faire des décrets, en revanche il n'avait pas celui de professer des prin-

cipes conformes aux besoins réels des sociétés. Il
ne suffit pas d'avoir un balancier pour battre monnaie, il faut avoir un métal ayant cours ; et c'est ce
que Robespierre n'avait pas. M. Proudhon gourmande plus vertement encore les démocrates de
1850 et de 1848 d'avoir montré la même impuissance que Robespierre, et, de plus, il les accuse de n'avoir *rien fait*, parce qu'ils n'avaient
rien étudié et rien appris. M. Proudhon est injuste ;
les révolutionnaires ont beaucoup étudié et beaucoup appris : s'ils n'ont rien pu faire le lendemain
de la victoire, ce n'est pas faute d'avoir soulevé
toutes les questions sociales et politiques ; c'est, au
contraire, parce qu'ils les ont trop étudiées. Avec
plus d'ignorance, ils auraient accepté la première
utopie démocratique venue ; mais l'étude qu'ils ont
faite des systèmes proposés leur en a montré l'inconséquence et les contradictions. M. Proudhon a été
lui-même un grand travailleur dans ce genre ; il a
réfuté et il réfute chaque jour les utopies de ses
corévolutionnaires ; il prouve, avec un incontestable talent, que la confusion est dans leurs principes et dans leurs idées, et il constate leur impuissance. Comment ne voit-il pas que c'est l'impuissance de la révolution elle-même qu'il accuse dans
celle des révolutionnaires, et que tous les faits qu'il
cite justifient cette accusation ?

En regard de cette incapacité du principe révolutionnaire, l'histoire nous a montré le principe héréditaire rendant à la France, sans recourir à la terreur ou à la guerre, comme tous les gouvernements issus du principe électif, la liberté, le repos et la prospérité, qu'elle avait depuis longtemps perdus.

Cependant les fils des architectes qui avaient déjà démoli une première fois la monarchie héréditaire, sont parvenus à la renverser encore, grâce aux matériaux de mauvais aloi qu'ils avaient eux-mêmes glissés dans la reconstruction de cet antique édifice. Une monarchie démocratique, et en quelque sorte républicaine, leur a paru une excellente transaction entre le droit traditionnel et le droit révolutionnaire, entre la vieille et la jeune France. Les premiers succès de ce nouvel établissement ont même dépassé toutes les espérances, et les fils des constituants de 89 ont bien cru cette fois avoir découvert l'idéal que leurs pères avaient inutilement cherché ; mais ce gouvernement plus nouveau et plus parfait, ce dernier-né de la révolution, a eu le même sort que ceux qu'elle avait mis au jour avant lui : il a été étouffé par sa propre mère, et la monarchie de 1830 n'a rien gagné à s'appeler la meilleure des républiques, si ce n'est d'être traitée plus cavalièrement par les républicains, et de ne pas trouver *un seul* de ses amis à son convoi funèbre !

La révolution, un moment enrayée, a repris sa marche rapide ; elle a bâclé en quelques heures, sur les ruines de cette monarchie démantelée d'avance, une république provisoire. Quelques mois plus tard, elle a fait acclamer une république *définitive*, à laquelle on promet déjà pour successeur le consulat à vie ou l'empire. Combien de temps la révolution emploiera-t-elle à parcourir ces diverses étapes ? Nul ne peut le dire ; mais chacun est en droit de constater qu'elle est déjà arrivée à la seconde, et qu'elle parcourt le même cercle dans lequel elle a tourné une première fois. Si un vent favorable vient parfois enfler ses voiles, l'océan qu'elle parcourt n'en sera pas moins sans limites et sans fond ; si elle y jette la sonde ou si elle cherche à y découvrir de nouveaux rivages, elle ne rencontrera que les écueils sur lesquels elle est déjà venue échouer, ou les nouveaux brisants vers lesquels le socialisme l'entraîne, afin d'engloutir la société elle-même : car, cette fois, convaincus de leur impuissance à fonder un ordre politique sur les débris des trônes renversés, les modernes Titans veulent entasser les débris du monde social sur les débris du monde politique, pour escalader leur nouvel Olympe.

Et qui pourrait arrêter la révolution dans cette voie ? Qui pourrait dompter la raison dans sa révolte contre l'inégalité des conditions sociales ? Dans un système où la richesse et la pauvreté ont cessé d'être le chemin mystérieux qui conduit l'humanité à des destinées nouvelles, où la jouissance et la misère n'ont plus d'autre raison d'être que le caprice des conventions humaines, il n'y aura plus de logicien assez habile pour les soutenir, plus de cœur assez résigné pour les supporter. Alors la société entendra dire : « Nous avons trois mois de misère au service de la république ; » et, ce terme expiré, la misère se lèvera, le fusil à la main, pour rétablir l'égalité. Il y aura des moments de trêve entre les adversaires, mais ce sera un duel à mort, un duel interminable dans l'ordre social comme dans l'ordre politique.

X.

CATHOLICISME. — CHRISTIANISME.

Réalisation des principes de liberté, d'égalité et de fraternité.— Liberté d'examen. — Liberté religieuse; l'établissement du protestantisme a été une violation de cette liberté.— Influence de l'Église catholique sur la liberté politique. — Comment la civilisation peut reprendre son cours.

———

Si le contrat social donné à l'homme sur le mont Sinaï est indissoluble, et si la raison ne peut substituer à cette œuvre divine que des chimères ou des calamités; si, d'un autre côté, le contrat politique, œuvre de l'homme, ne peut jamais atteindre la perfection que les législateurs poursuivent vainement, depuis un demi-siècle, à travers tant de désastres; quel espoir reste-t-il à la société française d'améliorer sa condition sociale et politique?

A cette question la réponse est facile : Si la société française persiste à chercher le progrès, sans autre guide que la trompeuse infaillibilité de la raison ; si elle reste dans la voie où l'orgueil aveugle et infini des philosophes du dernier siècle l'a entraînée, elle ne recueillera que d'amères déceptions et d'implacables haines : si, au contraire, la société française appelle à son aide les lumières de cette raison supérieure dont les générations précédentes avaient accepté et reconnu la bienfaisante autorité, elle assurera non-seulement la paix entre les hommes, mais encore le développement de la civilisation qu'ils ont droit d'ambitionner.

Il y a un demi-siècle que les novateurs les plus audacieux ont résumé toutes les espérances de la civilisation dans une formule célèbre, qui est encore aujourd'hui le symbole des plus modernes et des plus téméraires prophètes. « Liberté, égalité, fra- « ternité, dit M. Pierre Leroux, sont les trois mots « de l'humanité et la fortune de la révolution. »

M. Pierre Leroux a dit vrai en ce sens que le monde est séduit par l'attrait de ces principes, et que la révolution tire toute sa force de son dévouement hypocrite à leur réalisation. Mais M. Pierre Leroux se trompe lorsqu'il espère formuler une théorie sociale et politique qui établisse parmi les hommes le règne de la liberté, de l'égalité et de la fraternité. Des législateurs plus habiles et plus audacieux ont fait cette tentative à une époque où ils étaient secondés par les illusions d'une génération facile à passionner pour toutes les erreurs; ils ont pu immoler à l'espoir d'une réforme idéale un contrat politique adopté par une longue suite de siècles; ils ont pu forger assez librement les lois qui devaient nous assurer les bienfaits de la liberté, de l'égalité et de la fraternité.

Cependant, il faut bien le reconnaître, malgré ces intrépides efforts, malgré ce concours loyal de toutes les volontés, on n'a pas fait un progrès réel dans l'application de ces principes; au contraire, plus on a voté de décrets pour atteindre ce but, plus on s'en est éloigné, et plus on a propagé l'oppression et la haine; à tel point que le dernier mot de la grande réforme révolutionnaire a été le règne de la terreur.

Ce n'est pas à dire que la liberté, l'égalité et la fraternité soient des principes sans application possible, mais seulement que le législateur assez aveugle pour vouloir en établir le règne pacifique et incontesté, de par la loi, ne décrétera jamais que des thèmes féconds en utopies extravagantes et en commentaires sanglants.

Si la France veut donner quelque réalité à ses espérances de liberté, d'égalité et de fraternité; si elle veut assurer le paisible développement de ces principes, qu'elle se rappelle avec quelle sagesse et quelle infatigable constance l'Église les a propagés depuis dix-huit cents ans. L'œuvre a été lente, parce que la loi religieuse elle-même a été trop longtemps sans empire sur les sociétés, et parce qu'elle n'a presque jamais régné en même temps sur les forts et sur les faibles. Il fallait d'ailleurs beaucoup de temps à l'Église pour renverser les idoles du vieux monde, et pour ramener les hommes à des idées plus justes sur la Divinité. Cette entreprise n'était pas même la plus difficile, car il y avait dans les dogmes chrétiens des séductions puissantes, des idées d'ennoblissement et de rédemption qui relevaient l'homme à ses propres yeux, et lui faisaient mépriser les idoles qui l'avaient abaissé en abaissant la Divinité elle-même. Une tâche plus pénible était celle de renverser les principes que le paganisme avait infiltrés dans les habitudes et, pour ainsi dire, dans le sang des peuples. Cette régénération, qui semblait impossible, a été poursuivie avec une infatigable persévérance et une religieuse ardeur. Souvent la semence est tombée sur un terrain ingrat, où elle ne pouvait éclore ; mais elle a porté les plus heureux fruits partout où elle a rencontré un champ fertile, partout où un rayon de soleil est venu réchauffer son immortelle séve.

Et pourquoi ce privilége d'une action constante et sûre ? pourquoi cette progression pacifique vers la liberté, l'égalité et la fraternité, sous l'empire de la religion ? Parce que le catholicisme, en publiant

le premier ces principes, que les socialistes modernes ont trouvés assez larges pour les écrire sur
leur drapeau, a enseigné en même temps les limites qu'il ne fallait jamais franchir ; et telle a été son
intelligence des droits et des devoirs de l'homme,
des exigences de la liberté et des nécessités de l'ordre, qu'il a surpassé sous ce double rapport tout
ce qui avait été fait par les législateurs précédents,
depuis le commencement du monde.

Les philosophes païens avaient parlé de liberté,
mais ils avaient condamné la majorité de l'espèce
humaine au plus dur esclavage ; le catholicisme, en
promettant la liberté à tous, a su écrire la règle qui
pouvait en conjurer les périls, car il a dit à l'homme :
« Ne fais pas à autrui ce que tu ne veux pas qu'on
« te fasse à toi-même. » Le principe et la limite de
la liberté se trouvent à la fois dans cette maxime.

Les païens n'avaient compris l'égalité que par
exception et par catégories ; l'égalité régnait parmi les esclaves comme parmi les maîtres, mais
entre les premiers et les seconds il y avait la distance d'un homme à une brute. Le catholicisme
a seul proclamé le principe d'une égalité réelle,
lorsqu'il a dit que tous les hommes étaient fils d'un
même père, et tous *égaux devant Dieu*. Mais en
même temps il ne leur a pas promis l'égalité des
biens et des jouissances, égalité chimérique que re-
poussent toutes les lois de la nature. Il a reconnu,

au contraire, le principe de l'inégalité des droits et des devoirs dans la société, lorsqu'il a recommandé aux grands la bienveillance et aux petits la soumission. Tout ce qui était humainement possible pour adoucir l'inégalité des conditions sociales, pour rétablir l'équilibre entre le fort et le faible, il l'a fait en enseignant à tous le principe de la fraternité ; principe sacré que les anciens ne pouvaient pas même connaître, et qui a fondé, dans le moyen âge, à côté des institutions charitables les plus fécondes, des institutions sociales non moins précieuses, notamment ces confréries à la fois civiles et religieuses qui ont été la première organisation du travail, et, jusqu'à ce jour, la seule qui ait porté d'heureux fruits. Ainsi, d'une part, l'esclavage aboli, le monde chrétien couvert d'innombrables asiles ouverts à la misère et à la piété ; d'autre part, les mœurs païennes purifiées, la tyrannie des barbares mitigée, la législation du travail régularisée, en un mot les principes de liberté, d'égalité et de fraternité successivement introduits dans les institutions françaises, telle a été l'œuvre de l'Église chrétienne.

Qu'a-t-on proposé pour accélérer le développement d'une civilisation si laborieusement et si heureusement conquise ? qu'a-t-on inventé, depuis l'origine du monde et dans ces derniers temps, pour amener l'humanité à l'application immédiate et ab-

solue de la liberté, de l'égalité et de la fraternité?
Des utopies insensées et criminelles : une liberté
habilement déguisée par les comédiens du socialisme, mais franchement appelée *anarchie* par le
seul réformateur qui ait le courage de son opinion ;
une égalité qui n'est elle-même qu'une suprême
inégalité, et qui a été condamnée par un philosophe païen dans des termes qui semblent écrits pour
notre époque : « Si semblable honneur, a dit Cicé-
« ron, est exactement rendu aux hommes les plus
« éminents et les plus infimes, il est inévitable que
« l'égalité même devienne la plus injuste inéga-
« lité ; » une fraternité, enfin, qui est la négation
de la fraternité. En effet, dans l'état socialiste, où,
de par la loi, tous les hommes sont tenus de vivre
en frères, où la part de chacun est fixée d'avance
par une autorité souveraine, la fraternité n'est plus
qu'un vain mot. Cette vertu sublime, qui ne peut
se concevoir qu'au sein même de la liberté, ne
pourrait plus exister sous le despotisme de la loi
socialiste, et les générations appelées à la subir
perdraient jusqu'à l'idée même de la fraternité. Là
où il n'y aurait plus de propriété, où chaque citoyen aurait une ration égale de pain et de vin,
quel mérite auraient les hommes à vivre dans une
fraternité qu'ils seraient forcés de subir? Le christianisme entend mieux la fraternité : il la veut libre
avant tout, il la veut sublime jusqu'à l'abnégation

la plus absolue ; il dit aux hommes : « Si vous n'aimez que ceux qui vous aiment, quelle récompense en aurez-vous ? » Dans la fraternité socialiste, on ne peut aimer ni être aimé ; le dévouement et le sacrifice sont sans objet et sans but. L'état socialiste parfait est un état dans lequel il n'y a ni bonheur ni malheur, ni vice ni vertu, et, en définitive, ni liberté, ni égalité, ni fraternité réelles. On a dit : « Le socialisme, c'est la barbarie ; » on s'est trompé ; c'est moins que cela encore : c'est l'état le plus voisin de celui des bêtes fauves.

On a pu voir comment l'Église assurait le développement des principes de liberté, d'égalité et de fraternité ; on a pu apercevoir le secret de cette puissance dans une sagesse prévoyante qui a su donner des limites à ces principes en les proclamant, et dans une intelligence vraiment divine de la nature des hommes et des choses, qui, en modérant les passions et en développant les vertus, travaille d'une main sûre à la perfection des lois. Le législateur, au contraire, qui a cherché la perfection des lois pour conduire l'homme à la civilisation, agissait en sens inverse de la nature des choses, et toujours il a été impuissant à réaliser les espérances de l'humanité.

Les lois constatent la civilisation d'un peuple, elles ne la font pas.

Que l'homme obéisse à l'ardeur irrésistible qui

l'entraîne vers le progrès, qu'il cherche à faire chaque jour un pas vers la perfection du contrat politique et du contrat social, cette ambition est légitime; mais qu'il n'oublie jamais, dans cette périlleuse carrière, les conseils que Washington adressait dans sa lettre d'adieu aux États-Unis :

« La religion et la morale, dit le libérateur de « l'Amérique, sont les appuis nécessaires de la prospérité des États. En vain prétendrait-il au patriotisme, celui qui voudrait renverser ces deux colonnes de l'édifice social. Le politique, ainsi que « l'homme pieux, doit les révérer et les chérir. « Supposons même un moment que la morale puisse « se soutenir seule. L'influence qu'une éducation « très-soignée aura *peut-être* sur des esprits d'une « trempe *particulière*, la raison et l'expérience nous « défendent de l'attendre de la morale de toute une « nation, sans le secours des principes religieux. »

Le désordre dans lequel nous sommes tombés est l'éclatante confirmation de ces paroles; et l'on peut ajouter que si la société française est encore debout, c'est parce qu'il est resté quelque ciment religieux dans sa base.

Comment se peut-il que ces vérités hautement reconnues par le législateur de l'Amérique aient été dédaignées, depuis un siècle, par toute une école d'écrivains et de législateurs? Qui a pu les empêcher de marcher sous la bannière de l'Église à une victoire certaine de la liberté sur le despotisme, de l'égalité intelligente sur l'égalité sauvage, de la fraternité du cœur sur la fraternité de la matière? Question grave, et trop vaste peut-être pour être résolue ici ; question qu'il importe cependant de résumer en quelques pages.

L'école dont il s'agit, c'est-à-dire l'école rationaliste, veut la liberté d'examen, la liberté religieuse et la liberté politique ; elle prétend que ces libertés sont impossibles sous l'empire du catholicisme : voilà pourquoi elle refuse d'en reconnaître les principes.

Dégager le vrai du faux dans ces objections, et les réduire à leur juste valeur, serait rendre à la société le plus incontestable service. C'est ce que l'on va entreprendre ici.

L'école rationaliste parle de la liberté d'examen ; mais de quelle liberté s'agit-il? De la liberté d'écrire et de parler dans les limites de la foi chrétienne ; de la liberté qui a suffi aux saint Augustin, aux Bossuet et aux de Maistre ; de la liberté dans laquelle les plus beaux génies se sont trouvés à l'aise depuis tant de siècles? Si la société veut cette liberté, l'Église ne la lui refusera pas ; mais s'il s'agit de la liberté sans limites et sans règles qui a été définie plus haut, s'il s'agit de cette détestable licence, non assurément l'Église ne la donnera jamais, et la société elle-même la répudiera tôt ou tard, si elle ne veut tomber dans tous les désordres de la révolution et du socialisme.

L'école rationaliste parle aussi de la liberté religieuse ; mais il faut examiner encore de quelle liberté il s'agit.

Est-ce la liberté de fait qu'on demande à l'Église ? Mais c'est toujours l'État qui a donné ou refusé cette liberté. Les lois qui interdisaient la liberté religieuse, dans le siècle dernier, étaient presque partout des lois politiques ; il est même permis de dire qu'elles avaient été établies en vue de l'unité nationale autant et plus qu'en vue de l'unité religieuse (1).

Est-ce la liberté dogmatique dont on réclame l'exercice ? Cette liberté, il faut en convenir, est inconciliable avec la prétention que le catholicisme affiche d'être la seule affirmation de la vérité reli-

____

(1) Nous avons eu l'occasion de démontrer cette vérité, dans un travail publié avant la révolution de 1848. Nous avons montré qu'en Pologne l'*intolérance de fait ne dérivait pas du droit canon, mais du droit politique, de la position géographique et de l'antagonisme national existant entre le peuple russe et le peuple polonais ;* de telle sorte que les *priviléges accordés à la religion catholique pouvaient être considérés comme le palladium de la nationalité polonaise contre les ennemis dont elle était entourée.* (Voyez l'*Étude sur la législation de la Russie et de la France en matière de religion*, pag. 6, 7 et 8.)

M. le duc de Noailles a savamment développé cette thèse à propos de la révocation de l'édit de Nantes, dans son *Histoire de madame de Maintenon.*

11.

gieuse. Mais quelle est donc la croyance qui n'a pas la même prétention? quelle est la croyance qui peut se dispenser de l'avoir, sans se renier elle-même? Il a fallu être bien aveugle ou bien prévenu pour méconnaître cette vérité, et pour faire au catholicisme un reproche qu'il ne mérite pas plus que les autres cultes. Il a fallu surtout beaucoup d'audace pour oser dire que le protestantisme avait conquis la liberté religieuse sur l'Église catholique.

Non, ce n'est pas la liberté, c'est l'intolérance qui a triomphé dans les luttes du seizième siècle; et ce n'est pas seulement l'intolérance politique, c'est encore l'intolérance religieuse qui a prévalu. C'est au nom de la foi protestante que la servitude de tous les autres cultes a été consacrée en Angleterre, en Suède et en Prusse. On proclamait la liberté de conscience en principe, afin de se séparer du catholicisme; mais on ne reconnaissait pas aux catholiques le droit de rester fidèles à leur culte. On ne se contentait même pas de la liberté religieuse la plus absolue, c'est-à-dire du droit d'adopter telle ou telle croyance, du droit de se faire juif ou mahométan, mais encore on donnait le nom de liberté religieuse à l'entreprise la plus destructive de cette liberté. On disait aux catholiques : « Votre pontife est un usurpateur, votre *Credo* est un mensonge, votre culte est une superstition; le vrai pontife, le vrai *Credo*, le vrai culte sont en nous.

En conséquence, nous vous dépouillons des fondations des temples et des possessions de toute nature que les siècles passés vous ont léguées. » Voilà ce qu'on a osé appeler du nom de liberté religieuse pendant bientôt trois siècles ! Dieu soit loué ! la vérité se fait jour enfin, et la constitution prussienne interdit aujourd'hui ces actes de prétendue liberté, au titre même de la liberté religieuse (1).

Qu'on veuille bien lire avec attention les articles 12, 15 et 16 de cette constitution, délibérée par des hommes de toutes les croyances, et on y trouvera la définition la plus précise qui ait été donnée de la liberté religieuse, les garanties les plus formelles accordées à toutes les communions, et notamment l'inviolabilité de leurs autorités et la possession de

(1) « Titre II, art. 12. La liberté des confessions religieuses et de se réunir pour former des sociétés religieuses, ainsi que le culte public et privé, est pleinement accordée. La jouissance des droits civils et politiques est indépendante de la profession religieuse. Les devoirs civils et politiques ne sont limités en rien par la pratique de la liberté de conscience.

« Art. 15. Les Églises évangélique et romaine, ainsi que les autres communions religieuses, ordonnent et dirigent leurs *propres affaires en toute indépendance (selbststaendig); elles restent dans la possession et la jouissance de leur culte, de leurs établissements d'éducation et de bienfaisance, de leurs fondations et de leurs fonds divers.*

« Art. 16. La communication des communions religieuses avec leurs chefs n'est point restreinte. La publication des ordonnances ecclésiastiques n'est soumise qu'aux mêmes restrictions qui régissent toutes les autres publications. »

leurs établissements de toute nature ; de telle sorte que si le protestantisme n'existait pas, il serait impossible de le constituer aujourd'hui, il ne serait plus permis de faire ce qui s'est fait dans le seizième siècle ; il serait interdit d'enlever à l'Église catholique ses temples, ses institutions d'éducation et de bienfaisance, et ses propriétés diverses.

La constitution prussienne protége sans doute aujourd'hui l'existence de l'Église évangélique, comme celle de l'Église romaine ; mais cette constitution protectrice de la liberté religieuse est en même temps l'acte d'accusation de Luther, de Calvin, de Henri VIII, et de tous les usurpateurs religieux.

Il n'est donc plus permis de dire que l'établissement du protestantisme ait été un acte de liberté religieuse. Non, encore une fois, la liberté dogmatique n'a pas triomphé dans les luttes du seizième siècle, pas plus que la liberté de fait ; c'est la violation de la liberté qui a réussi. La liberté de fait! elle n'existe pas encore aujourd'hui au sein de la république de Genève. Toute la liberté des citoyens catholiques repose sur les traités de 1815. L'Europe victorieuse a dû garantir aux catholiques genevois la jouissance de leur culte, et la possession d'un temple qui n'est même pas assez vaste pour les contenir.

Si les reproches que les partisans de la liberté religieuse adressent à l'Église catholique sont loin d'être équitables, les griefs des amis de la liberté politique sont encore plus injustes.

Déjà on a vu plus haut comment l'Église était désintéressée dans la question du gouvernement politique, comment elle pouvait prier également pour les États libres et pour ceux qui ne l'étaient pas. Il importe d'ajouter ici que les préférences de l'Église sont pour la liberté politique ; non, sans doute, pour la liberté frivole et illusoire des temps modernes, mais pour la liberté véritable et chrétienne des temps anciens.

Les générations nouvelles se sont soumises trop longtemps aux oracles d'une philosophie incrédule. L'histoire se refait chaque jour ; une science sérieuse efface les erreurs qu'une science superficielle avait propagées. L'Église ne relève pas seulement ses autels, elle rehausse en même temps la valeur de son action sur les gouvernements ; elle prouve qu'elle est l'âme du contrat politique, par cela même qu'elle est l'âme du contrat social.

Son influence, sous ce rapport, ne peut plus se dissimuler ; on est obligé de la reconnaître, et nulle part elle n'a éclaté plus vivement que sous nos yeux. Qu'est-ce que nous sommes nous-mêmes, qu'est-ce que ce beau royaume de France, si ce n'est une œuvre de l'Église, l'œuvre des évêques, comme l'a reconnu Gibbon lui-même ? Et que d'efforts, que de soins assidus, que de sacrifices il

a fallu faire pour poser les fondements de cet admirable édifice au milieu des siècles les plus barbares ! Que de labeurs pour arriver de Clovis à Charlemagne, et de Hugues Capet à saint Louis ! Quelle
vertueuse et constante énergie dans ces apôtres qui
 on dompté les mœurs sauvages que la Germanie
avait apportées à la Gaule ! Quel miracle surtout que
cette résurrection d'une liberté nouvelle, d'une liberté positive et sincère, sous la pression d'un despotisme barbare !

Si vous sortez de France, vous trouvez encore
l'Église posant les bases de toutes les monarchies
représentatives ; vous la voyez écrivant la liberté
politique dans les *fueros* et dans les chartes muni-
cipales, arrachant le peuple, le peuple surtout, à
l'ignorance et à l'abrutissement dans lesquels la civilisation païenne l'avait enseveli ; et, après l'avoir
ressuscité, c'est elle encore qui le fait rentrer dans
les assemblées espagnoles en 1202, dans les assemblées anglaises en 1265, dans les assemblées allemandes en 1235, comme elle le fait entrer dans les
assemblées françaises. Ce n'est pas encore assez
d'avoir été la source des libertés politiques, l'Église
a voulu en être la plus fidèle sauvegarde. Le pouvoir absolu est nouveau en Europe ; il ne date que
du jour où la réforme a renversé l'autorité tutélaire
de l'Église. Les cortès et les états généraux, ces deux
grandes formes de la liberté politique, n'ont pu être

suspendues que par les souverains qui avaient affaibli l'influence de l'Église. Le grand Frédéric rendait lui-même à ce pouvoir modérateur un hommage peu suspect, lorsqu'il écrivait à Voltaire : « Soliman est heureux : il n'a pas de pape pour l'empêcher de faire ce qu'il veut. » C'est un pape, en effet, un pape honoré par l'Église du nom de Grand, qui avait dit, il y a plusieurs siècles : « Celui qui « gouverne avec piété, justice et miséricorde, mérite d'être appelé roi; celui qui manque à ses de« voirs n'est plus un roi, mais un tyran. » (Saint Grégoire le Grand.)

Inviter les peuples à reconnaître l'autorité de l'Église et à respecter ses préceptes, ce n'est donc pas leur dire de renoncer à des libertés qu'ils pourraient obtenir sous une autre autorité religieuse; c'est, au contraire, leur offrir les garanties les plus réelles de liberté, d'égalité et de fraternité; c'est leur assurer des satisfactions morales et matérielles qu'ils s'efforcent en vain de recueillir, depuis qu'ils ont déserté leurs antiques convictions.

Mais il existe encore, dans la société moderne, un obstacle au rétablissement de la foi catholique : il y a des esprits qui s'effrayent du chemin qu'ils ont à parcourir, l'entreprise leur paraît au-dessus de leurs forces; ils prétendent que l'Église demande l'impossible. Il est vrai que l'Église nous appelle à la pratique de toutes les vertus chrétiennes, et nous demande le sacrifice de nos plus chères passions ; mais en même temps elle tient compte de nos imperfections, et nous sait gré de nos élans sincères vers le bien. Ce n'est pas le règne incontesté de toutes les vertus qu'il s'agit d'établir. L'âge d'or est une chimère que les païens eux-mêmes avaient reléguée dans un passé fabuleux, et dont les socialistes seuls ont l'impudence de nous promettre l'avénement. L'Église condamne également ces innocentes et ces coupables impostures ; elle place l'âge d'or dans un autre monde. Ce qui importe à celui-ci, c'est que la vertu y soit respectée et ambitionnée, c'est que nous ayons le désir sincère de la pratiquer de toute la puissance de notre faiblesse. Ce respect et cette ambition suffisent à l'ordre social. Ce qui le perd, c'est moins l'absence de la vertu que l'absence de son principe, c'est moins le vice que le cynisme du vice, c'est moins le crime que l'orgueil du crime. Le culte du siècle pour ses passions, cette idolâtrie moderne qui a toute la corruption de l'ancienne sans en rappeler le prestige, voilà le culte profane qu'il faut détruire, voilà le faux dieu qu'il faut renier avant tout. Que la société rationaliste remporte cette première victoire sur elle-même, qu'elle ouvre une porte au christianisme, et la civilisation pourra reprendre sa marche glorieuse et féconde !

XI.

CONCLUSION DE LA PREMIÈRE PARTIE.

VRAIE MONARCHIE, VRAIE RÉPUBLIQUE.

République modérée, moyen d'arriver à la dictature socialiste.
— Monarchie impériale. — Monarchie de 1830. — Différence
entre 1830 et 1688. — Ce qui peut expliquer la conduite de la
maison d'Orléans. — Lettre du lieutenant général du royaume
au roi Charles X. — Il faut opter entre la vraie république et
la vraie monarchie.

———

Résumer les principes posés dans ce livre, ce
sera en faire comprendre l'enchaînement.

L'erreur des publicistes et des législateurs est
d'avoir confondu les principes sociaux et les principes politiques, et d'en avoir méconnu la véritable
origine.

Les principes sociaux, ayant pour but de régler
les rapports inévitables et prédestinés de l'huma-

nité, sont nécessairement immuables et universels comme la nature de l'homme ; c'est pour cela que la sagesse divine nous les a révélés.

Les principes politiques, ayant pour but de régler les rapports d'une société humaine, eu égard au degré de civilisation auquel elle est parvenue, sont nécessairement relatifs et variables, selon les temps et les circonstances ; c'est pourquoi la sagesse divine les a abandonnés au jugement des hommes.

En un mot, le contrat social est d'origine divine : il est universel et immuable comme les lois de notre existence. Le contrat politique est d'origine humaine : il est relatif aux besoins et aux traditions des peuples.

Dans l'ordre social révélé, la matière est soumise à l'esprit ; la souffrance est la rédemption de l'humanité, le triomphe des passions est sa chute ; la vie mortelle est sacrifiée à la vie éternelle, l'une est considérée comme le pénible enfantement de l'autre ; et, sous l'influence de ces lois mystérieuses mais efficaces, les générations se succèdent et cheminent harmonieusement, comme le monde céleste sous l'empire des lois divines qui le régissent.

Le socialisme, c'est-à-dire la prétention de déchirer le contrat social révélé, est une hérésie sociale, sœur de l'hérésie religieuse.

Le principe de toute hérésie ancienne ou moderne est la souveraineté de la raison. Entre celui qui reconnaît cette souveraineté, et ceux qui veulent détruire la religion, la famille et la propriété, il y a une différence d'application ; mais il n'y a aucune différence de principe.

De là, l'impuissance de la société rationaliste en face du socialisme. Dans ce grand procès entre le monde ancien et un monde nouveau, la société incrédule n'a plus de juge compétent, plus d'autorité supérieure, plus de lois éternelles et immuables, plus rien à opposer aux réformateurs modernes, si ce n'est de simples conventions que la raison de chacun peut admettre ou condamner, en vertu de sa toute-puissance. Les législateurs rationalistes ont voulu mettre les droits de la propriété et de la famille à l'abri du caprice de cette souveraineté, et ils ont imaginé de déclarer ces droits imprescriptibles ; mais cette inviolabilité, proclamée par la raison de la veille, reste exposée aux tentatives de la raison du lendemain, et la cause est toujours renvoyée à d'autres juges.

Si on veut un arrêt définitif sur la valeur des conventions sociales, il faut le demander à un tribunal supérieur ; il faut revenir à la loi révélée, qui seule peut donner à la famille et à la propriété une origine divine, et seule permet à la société de déclarer impie et sacrilège la doctrine qui veut renverser les bases fondamentales du contrat so-

cial. En un mot, si on veut en finir avec le socialisme, il faut revenir au contrat social révélé.

Dans l'ordre politique les principes peuvent varier, les formes de gouvernement peuvent se multiplier à l'infini; mais l'expérience des siècles
montre que les principes politiques traditionnels
sont les sources de la prospérité et de la grandeur
des peuples.

La France, qui semble prédestinée à servir au
monde d'exemple et de leçon, la France nous
montre cette vérité dans son histoire. Le principe
politique traditionnel, celui de la souveraineté du
droit, a fait la gloire, la grandeur et l'unité de la
nation; le principe politique révolutionnaire, celui
de la souveraineté de la force, a fait le désordre,
la ruine et le malheur du peuple.

Le principe politique traditionnel est un principe constituant de conservation et d'ordre.

Le principe politique révolutionnaire est un
principe constituant de bouleversement indéfini,
un droit illimité de réforme qui aboutit à la réforme socialiste.

Sous l'empire du principe traditionnel, l edevoir
des citoyens est tracé : ceux qui sont appelés à défendre l'autorité ne peuvent pas douter de la légitimité de leur dévouement; ils s'immolent pour la
défense de ce principe sans hésiter : le 10 août et
le 28 juillet l'ont douloureusement attesté.

Sous l'empire du principe nouveau, le devoir des citoyens est toujours douteux ; parce que la volonté du peuple, qui en est la règle, peut changer d'un moment à l'autre. C'est pour ce régime que semble avoir été écrite cette maxime : « Il est plus difficile de connaître son devoir que de le remplir. » La conduite de l'armée en février 1848 s'explique, par ce doute, et ne se comprendrait pas autrement.

Les principes politiques, qu'ils soient traditionnels ou révolutionnaires, peuvent constituer également les différentes formes de gouvernement ; et, de fait, le principe révolutionnaire a créé, depuis cinquante ans, des républiques et des monarchies, des gouvernements libres et des gouvernements absolus, des gouvernements aristocratiques et des gouvernements démocratiques.

Tous ces gouvernements peuvent donc être considérés comme des formes diverses d'autorité, indépendantes de leur principe constitutif.

A ce point de vue, la république et la monarchie apparaissent avec des mérites particuliers.

La forme républicaine séduit les esprits et flatte les amours-propres ; mais la république a besoin d'une sauvegarde contre la mobilité de sa forme. Les institutions représentatives et les libertés publiques lui sont un sujet perpétuel de troubles, et le principe électif devient une source de révolutions interminables, s'il n'est modéré par l'intervention d'un principe héréditaire.

La forme monarchique, au contraire, est une garantie d'ordre; et, par la fixité de ses règles d'hérédité, elle modère l'agitation que peut susciter un développement prématuré des libertés politiques.

En un mot, comme on l'a dit dans un chapitre précédent, il vaut mieux placer la liberté sous la sauvegarde de la monarchie que sous celle de la république.

Les questions de pouvoir absolu et de liberté politique ne peuvent pas se résoudre *à priori :* ce sont des questions d'opportunité; c'est le pouvoir absolu qui prépare à la liberté les sociétés naissantes, de même que l'obéissance apprend aux hommes le commandement.

L'aristocratie est vengée, par l'histoire, des reproches que l'ignorance et la mauvaise foi ont adressés à cette institution. A Rome, à Venise et en France, elle a été l'école des services publics; en France surtout, l'aristocratie a été le boulevard de l'indépendance nationale; et le seul nom de gentilhomme nous apprend où étaient les véritables *hommes de la nation.* Si l'aristocratie n'existe plus, si elle ne peut être rétablie, les services qu'elle a rendus ne sont pas moins évidents; et s'ils avaient besoin d'une démonstration nouvelle, ils la trou-

veraient dans le fait le plus considérable de notre
époque, dans l'avénement de la démocratie moderne.

Ceux qui prônaient la démocratie nous avaient
fait espérer une ère nouvelle de liberté, de prospérité et de grandeur, et nous nous sommes laissé
séduire par ces brillantes promesses. Mais depuis
cinquante ans la démocratie a fait de vains efforts
pour les réaliser, et elle ne nous a apporté que les
déceptions les plus cruelles. S'il était permis à ses
premiers adeptes de se faire illusion, il est désormais impossible de dissimuler ses déplorables effets : nous avons vu ses attentats en France, en
Allemagne et en Italie; toujours impuissant pour
le maintien de l'ordre, toujours favorable au désordre, le pouvoir de la démocratie a compromis
partout la prospérité particulière et la fortune publique; toujours indulgent pour ses séides, il a
excusé leurs crimes, et souvent même désigné à
leurs poignards les plus nobles victimes. Il faudrait
être aveugle ou insensé pour espérer encore le développement de la civilisation et de la liberté du
triomphe de l'esprit démocratique; il n'est plus
permis d'en attendre désormais que le nivellement
des intelligences, que la décadence de la civilisation et le despotisme de l'anarchie.

La démocratie américaine, c'est-à-dire celle de
l'Amérique du Nord, se présente sous un jour plus

favorable ; mais ses succès momentanés sont dus à la piété et à la vertu des grands hommes qui ont entouré son berceau (1), à ces génies immortels que la démocratie n'avait pas créés et qu'elle ne remplacera pas ; parce que, dans la démocratie, tout s'abaisse, le niveau des arts, le niveau des intelligences, des talents, des vertus, de l'honneur et du génie. Tôt ou tard nous aurons le dernier mot de la démocratie américaine ; tôt ou tard nous découvrirons les plaies qu'elle cache encore sous l'éclat trompeur de son génie industriel et commercial ; tôt ou tard enfin l'esprit démocratique trahira sa faiblesse dans l'ancien comme dans le nouveau monde (2).

Est-ce à dire qu'il n'y a pas de milieu entre l'ancien régime et l'anarchie? Est-ce à dire que la monarchie de 1789 était parvenue à la limite des progrès politiques, et qu'il ne nous reste d'autre parti à prendre que d'y revenir purement et simplement? Telle n'est pas la portée de ces paroles.

Ce qui semble démontré par l'expérience d'un demi-siècle si fécond en enseignements de tout genre, c'est que la révolution a été impuissante à

----

(1) Voyez à l'Appendice, n° 4, quelques détails sur la piété de Washington.

(2) Au moment où nous écrivons, la grande crise de l'esclavage prend en Amérique des développements formidables, et menace de déchirer le pacte de l'*Union* par la guerre civile.

former un nouveau contrat social et un nouveau contrat politique ; c'est qu'elle a restauré sous des noms nouveaux tous les abus qu'elle avait promis de détruire ; c'est qu'elle a cherché le progrès dans des voies nouvelles, où elle n'a rencontré que les plus grands fléaux qui puissent affliger une nation : la guerre civile et l'invasion étrangère ; c'est que la voie la plus sûre pour améliorer le sort de tous, et pour arriver au développement de la civilisation, était la voie suivie et frayée par les générations précédentes ; c'est enfin qu'il faudra tôt ou tard rentrer dans cette voie pour sauver le contrat social et perfectionner le contrat politique. Il ne suffit pas de vouloir l'ordre et la liberté, il faut en vouloir les conditions.

Quant à la réalisation des principes d'égalité et de fraternité, on ne l'obtiendra jamais par des décrets. La religion, seule, peut assurer le règne incontesté de ces principes. Il n'y a qu'une manière d'être véritablement libre, véritablement heureux et véritablement riche : c'est d'être chrétien.

Si les hommes qui se disent éclairés, si les disciples de l'école rationaliste ne veulent pas reconnaître ces éternelles vérités, s'ils persistent à fuir ce que Washington appelait la *pure et douce lumière de la révélation*, et à croire que la raison suffit à tout, on peut affirmer sans hésitation que la raison, livrée à elle-même, perdra tout ; et, malheureusement, ce n'est pas une simple présomption qui justifie ce présage, c'est l'histoire elle-même. Plus la raison s'est éloignée du contrat social révélé et du contrat politique traditionnel, plus elle s'est égarée; elle n'a produit que deux sortes d'hommes d'État : des ambitieux et des aveugles ; des Érostrates exécrables qui ont incendié le monde pour s'illustrer, et d'honnêtes alchimistes qui nous ont ruinés pour nous rendre plus riches.

Cependant nous devons à ces dures épreuves un enseignement qui ne sera pas perdu, un enseignement qui simplifie le problème de l'organisation politique. Il est impossible de ne pas voir que le règne des termes moyens est fini. On ne peut plus faire d'éclectisme politique. Il faut opter désormais entre les conséquences inévitables du principe traditionnel et celles du principe révolutionnaire, entre la monarchie légitime et la république socialiste; en un mot, entre la vraie république et la vraie monarchie.

On pourrait être accusé de violer la constitution, malgré ce qui a été dit du droit de la reviser, si l'on proposait aujourd'hui de délibérer sur un choix entre la république et la monarchie; mais, sans vouloir dépasser la limite des droits et des devoirs les plus rigoureux, on peut préciser entre quelle république et quelle monarchie nous aurons à choisir lorsque le jour fixé pour la révision sera arrivé.

Depuis que la république a été proclamée, c'est-à-dire depuis deux ans à peine, elle a subi plusieurs transformations essentielles : le principe électif, qui est sa nature même, n'a pas été entamé, mais la condition de la république a été modifiée. Sous le gouvernement provisoire, les factions démocratiques et socialistes s'étaient partagé le pouvoir; sous la dictature militaire, le socialisme a été repoussé par les partisans du système démocratique; sous la première influence de la constitution, ce système a été écarté par une réaction du principe héréditaire : c'est du moins le sens qu'il faut donner à l'élection d'un *héritier du nom* de Bonaparte; enfin, sous cette dernière influence, la république marche à une transformation nouvelle.

Les partisans peu éclairés de la forme républicaine espèrent maintenir le *statu quo* par une politique de modération, et comptent sur la puissance du principe électif pour rétablir la religion, la famille et la propriété dans toute leur inviolabilité. Si cette illusion est généreuse, elle n'est pas moins téméraire. La république modérée, soutenue par les efforts désintéressés des gens de bien, et protégée par ce concours salutaire contre les conséquences naturelles de son principe, peut se présenter comme un temps d'arrêt dans la marche de la révolution ; mais elle n'est pas et ne peut pas être une solution définitive.

La république, telle que la constitution de 1848 a voulu la faire, est une république démocratique, où doit régner l'égalité la plus absolue des droits politiques. Or, cette république, c'est, comme on l'a vu plus haut, le communisme politique; c'est la négation de la famille, de la propriété, de la science et de la vertu dans l'ordre politique; c'est le premier terme du communisme social qui nie la famille, la propriété, la science et la vertu dans l'ordre social. La constitution de 1848 a voulu, il est vrai, consacrer la famille et la propriété, en considérant ces institutions sociales comme antérieures et supérieures aux lois positives : mais cette antériorité de date est sans valeur réelle, puisqu'elle n'est fondée sur aucune autorité supérieure; la commission de la constitution l'entendait elle-même ainsi dans son premier projet, où elle avait porté une véritable atteinte au droit de propriété en créant le droit au travail. Si le bon sens public s'est révolté, si la tradition a triomphé, il est permis de se demander combien de temps encore durera ce triomphe. Qu'est-ce, en effet, que la religion sous l'empire de la souveraineté illimitée du peuple? Une convention. La famille? Une convention. La propriété? Une convention. La richesse? la pauvreté? Conventions! et, il faut bien le dire, conventions éphémères, impuissantes, inférieures au dernier des contrats civils, puis-

qu'elles reposent sur une volonté toujours illimitée et toujours souveraine d'elle-même! « La loi
« d'hier, dit Rousseau, n'oblige pas aujourd'hui ;
« le peuple est toujours en droit de la révoquer. »
Voilà cinquante ans que la raison a proclamé ce
principe, et qu'elle se révolte contre ses conséquences ; mais c'est en vain qu'à force de sacrifices elle
en ajourne le suprême développement ; dans cette
lutte interminable la raison recule toujours, et tôt
ou tard elle glissera dans l'abîme qu'elle a creusé
elle-même. Si la France a été assez aveugle pour
ne pas apercevoir, depuis longtemps, la pente naturelle qui conduit de la république démocratique à
la république socialiste, cet aveuglement n'est plus
possible aujourd'hui. Les voiles ont été déchirés,
la lumière s'est faite ; les républicains de la veille,
les vrais républicains ont renoncé à dissimuler les
conséquences inévitables de la république de 1848;
les voici franchement et hautement avouées dans
l'organe le plus sérieux de la république :

« Sans tendances sociales, ou, pour parler plus
net et plus bref, sans socialisme, la république n'a
pas en réalité de raison d'être.

« Sans république, le socialisme ne peut pas
même exister. Tout lui manque à la fois, — levier
et point d'appui, — souveraineté du peuple, suffrage universel.

« La république comme moyen,

« Le socialisme comme but,

« La république pour le socialisme,

« Le socialisme par la république,

« Voilà désormais la formule de la démocratie. »

Cette profession de foi du *National* était depuis longtemps celle de M. Proudhon.

Ainsi tous ceux qui ont accepté l'épreuve de la république, ceux même qui l'ont appelée comme une expression nouvelle de la liberté et du progrès, sont avertis : le dernier mot de la république, c'est le socialisme ; le dernier mot du progrès, c'est le socialisme : la république est le moyen, la souveraineté illimitée du peuple est le levier, le suffrage universel est le point d'appui.

Est-ce à dire qu'il faut blâmer les efforts généreux qui ont été faits pour soutenir la république? Non, car ces efforts étaient impérieusement commandés par les circonstances. Il y a plus : ces efforts ont été utiles, ils ont permis que l'épreuve fût plus complète et plus sérieuse ; ils ont appris à la France que la république ne pouvait être pacifiée que par les hommes et les principes monarchiques, et l'opinion publique a pu se convaincre que la république modérée, protectrice de la religion, de la famille et de la propriété, est une fiction à laquelle on ne peut donner qu'une existence passagère ; la république véritable, la république des républicains éprouvés, c'est la république démocratique et antisociale ; c'est-à-dire le règne légalisé de la force.

Il en est de la monarchie comme de la république : elle a eu, depuis cinquante ans, des phases diverses. Deux fois elle a été constituée en dehors de son véritable principe, deux fois on a essayé, par une aveugle inconséquence, de faire de l'hérédité *à priori*, et deux fois ces essais de monarchie ont échoué, sans même avoir obtenu de la Providence UN SEUL FAIT D'HÉRÉDITÉ. C'est qu'en effet la monarchie impériale et la monarchie de juillet étaient des expressions de la souveraineté élective, et non de la souveraineté héréditaire. L'une a couvert de gloire nos drapeaux et a fait tomber à ses pieds tous les rois de l'Europe, l'autre a développé l'industrie et assuré le maintien de la paix dans des circonstances critiques ; mais ni l'une ni l'autre n'a pu immobiliser à son profit le principe électif dans une dynastie nouvelle.

Voudrait-on faire de nouvelles tentatives d'empire et de monarchie élective ?

La monarchie impériale a été un beau rêve de la révolution, une sorte d'apparition héroïque évoquée par la baguette d'un puissant enchanteur ; mais ce n'était qu'une image de la monarchie. L'empereur a fait bonne et sévère justice des révolutionnaires : il les a tous convertis, exilés ou enterrés dans de riches sinécures ; mais il n'a pas détruit le principe de la révolution, il l'a déplacé.

Le pouvoir irrésistible et sans limites que la révolution avait exercé est passé dans les mains de l'empereur ; il n'a plus été permis de penser qu'à la guerre, à la gloire et à l'empire ; c'était la souveraineté de la force personnifiée dans un grand homme, jusqu'au jour où elle quitterait cette forme pour en prendre une nouvelle.

Ce n'est pas la révolution qui a fait tomber l'empire en 1814, c'est la guerre ; mais le jour où l'empire a voulu renaître, la révolution est revenue avec lui, et les Cent Jours resteront dans la mémoire des hommes comme le souvenir d'un double crime : le crime d'avoir attiré sur la France les malheurs de l'invasion étrangère, et le crime d'avoir ravivé l'esprit de révolution. Il aurait fallu à l'empereur de nouvelles victoires pour absorber une seconde fois la révolution dans l'éclat de la gloire impériale ; mais une journée fatale a détruit ces dernières espérances, et nous a montré la faiblesse de la force dans sa lutte contre les principes.

Recommencer aujourd'hui l'empire, demander à des mains moins puissantes que celles de Napoléon de porter le sceptre que celles-ci n'ont pas pu soutenir, ce serait une entreprise qui pourrait être, selon les circonstances, criminelle ou insensée. Criminelle par un coup d'État, insensée par les voies légales !

Elle ne sera pas criminelle : c'est l'héritier de

l'empire qui a condamné lui-même toute tentative d'usurpation, lorsqu'il a dit, dans son premier message : « Je verrai des ennemis de la patrie dans tous ceux qui tenteraient de changer « par des voies illégales ce que la France entière « a établi. » En présence d'un engagement aussi solennel, il n'est pas permis de penser que le président suive les conseils des aventuriers qui l'invitent à un coup d'État. En ce qui nous concerne, nous repoussons cette odieuse supposition. Non, le prince Louis Bonaparte ne tentera pas une restauration criminelle de l'empire. Mais la restauration insensée, la restauration par les voies qu'on appelle légales, est possible; elle est même probable, parce que la dictature a toujours été la conséquence accidentelle ou durable, mais toujours inévitable, d'un établissement républicain ancien ou nouveau. Elle est encore probable, parce que l'étrange régime de liberté qu'on nous a donné depuis le 24 février 1848 nous a tellement habitués à considérer l'état de siége comme un bienfait, que la dictature impériale apparaît comme la consécration et l'ornement des chaînes que nous sommes forcés de porter pour obtenir quelque repos.

Elle est probable enfin, parce que l'esprit démocratique, qui a détruit tant de choses, n'a pas détruit le prestige qui peut ramener la dictature impériale; il n'a pas encore détrôné la royauté des noms.

13.

La restauration d'un nouvel empire par les voies légales offre donc des séductions réelles, sans parler des précédents, qui ont aussi leur influence. Toutefois, il ne faut pas se faire illusion, l'entreprise n'en serait pas moins insensée.

La dictature se comprend comme moyen, et non comme but ; on peut passer par la dictature pour revenir à la république ou pour aller à la monarchie, mais on ne perpétue pas cette souveraineté de la force.

Aussi longtemps que Napoléon a usé de son pouvoir dictatorial pour relever les fondements de l'ordre social, pour rendre à la religion son autorité bienfaisante, pour forcer la démocratie à rentrer dans son lit, le succès a couronné ses efforts ; mais le jour où la dictature a été pour lui un but, le jour où il a voulu consolider à son profit le droit de la force, la force du droit l'a renversé.

C'est une grande erreur de croire que la révolution puisse être contenue par la révolution. Le génie de Napoléon avait bien compris cette erreur lorsqu'il regrettait de ne pas être son petit-fils. D'un autre côté, ce génie était trop puissant pour reculer dans la voie où il était entré ; le général Bonaparte ne pouvait pas prendre le rôle du général Monk : la Providence avait d'autres vues sur lui ; il devait achever l'épreuve qu'il avait commencée , afin que le monde reçût un enseignement nouveau, un témoignage éclatant de l'impuissance de la révolution dans les mains les plus capables de fonder un pouvoir politique. On peut toujours faire un trône avec quelques morceaux de charpente recouverts de velours ; mais on ne peut faire de la monarchie qu'avec un principe inviolable d'hérédité, avec un pouvoir irrévocable, investi du droit de commander, et soumis, en même temps, à des principes religieux , sociaux et politiques qui constituent la liberté de la nation.

C'est une autre erreur de croire que la révolution ait pour termes nécessaires la république ou les Cosaques. Le génie humilié d'un grand homme a pu nous envoyer, du rocher de Sainte-Hélène, ce fatal présage ; mais la république et les Cosaques ne sont pas les deux termes de la question qui s'agite dans le monde ; ils ne sont qu'un seul et même terme : la république aujourd'hui c'est la république socialiste, et celle-ci est l'avant-coureur de l'invasion étrangère. L'Europe ne sera pas républicaine ou cosaque ; elle sera monarchique ou républicaine, monarchique ou cosaque : tels sont aujourd'hui les véritables termes de la question.

La monarchie de 1830 serait-elle une meilleure contrefaçon de la monarchie héréditaire? L'épreuve dont nous avons été témoins doit-elle recommencer? Est-ce que le talent et l'expérience ont manqué à ceux qui l'avaient fondée et à ceux qui l'ont servie? Non, assurément : ce qu'il faut regretter, au contraire, c'est qu'ils aient sacrifié tant de lumières et tant d'efforts à l'accomplissement d'une œuvre impossible. Ils ont imposé un sursis plus ou moins long au droit de la souveraineté du peuple par la puissance de la forme monarchique; mais tôt ou tard le fond devait emporter la forme. Sans doute ils ont ajourné la république en donnant le change aux passions, et en les tournant vers l'ambition des jouissances matérielles; mais c'était en même temps créer un nouveau danger, et préparer l'avénement de la république socialiste.

Il manquait, d'ailleurs, à la monarchie de 1830 ce qui avait manqué à toutes les œuvres de la révolution française, et ce qui les avait rendues si fragiles; il lui manquait le ciment des principes religieux, sans lequel aucun établissement humain ne saurait être durable. Ceux qui prétendaient être les disciples de Guillaume III et de Washington avaient oublié, ou n'avaient pas compris, que la révolution dynastique en Angleterre et la révolution politique aux États-Unis devaient leur succès au concours des principes religieux. En personnifiant, dans la monarchie de 1830, l'esprit de doute, on avait ouvert l'abîme dans lequel elle devait s'engloutir. On avait donné à cet établissement un principe de faiblesse et de mort, qu'une restauration quelconque ne pourrait jamais changer en un principe de vie. On ne ressuscite pas la mort; on ne fait pas surtout, d'une monarchie qui s'est constituée en dehors de tout principe révélé, la sauvegarde des principes sociaux écrits dans la révélation.

La monarchie de 1830 nous a conduits au socialisme, parce qu'elle était la monarchie du principe révolutionnaire, le satellite obligé des libres penseurs et l'esclave, des intérêts matériels. Elle serait encore forcément le symbole de l'incrédulité et la préface du socialisme; autant vaudrait couronner Voltaire et Rousseau : ce serait moins royal, mais ce serait plus sincère.

C'est une grande erreur de croire que nous ayons renouvelé en 1830 ce que l'Angleterre avait fait en 1688. Des analogies apparentes ont pu nous tromper; il n'y en avait pas de réelles, il n'y en avait pas qui pussent nous faire espérer le succès qu'a obtenu ce qu'on appelle la révolution de 1688. Si cette *prétendue* révolution a réussi, c'est parce que la révolution *véritable* a échoué. Il y a eu des troubles et des désordres affreux en Angleterre, il y a eu des faits révolutionnaires considérables, mais ils ont été passagers; en définitive, la vieille constitution a été restaurée et la royauté a retrouvé son inviolabilité; si elle n'a pas retrouvé sa dynastie légitime, si les réformateurs religieux en ont demandé une autre, ils se sont efforcés de la *légitimer* en lui donnant une généalogie nouvelle.

En 1830 , la royauté et la dynastie ont disparu, pour faire place à une autre royauté et à une autre dynastie ; la royauté est devenue révocable et responsable, en dépit des stipulations contraires, par cela seul qu'elle avait été élue. C'est pour cela qu'elle ne pouvait pas réussir et qu'elle n'a pas réussi.

S'il arrivait aux hommes politiques de se méprendre sur les enseignements de l'expérience et de la logique, et de songer à une restauration de la royauté de 1830, il est permis de les avertir que cette entreprise rencontrerait cette fois un obstacle insurmontable dans le refus probable, et même certain, que la maison d'Orléans opposerait à toute proposition de renouveler l'épreuve de 1830.

Lorsque Mgr le duc d'Orléans a accepté la périlleuse mission de conserver la monarchie sans s'appuyer sur son principe, la situation des hommes et des choses était bien différente de celle qui se présente désormais.

En 1830, le chef de la maison d'Orléans, porté par une succession de faits inattendus à la lieutenance générale du royaume, et légitimement appelé à protéger une monarchie chancelante, a pu se méprendre, dans ce grand péril, sur les moyens de la sauver. Il a pu croire à la nécessité de saisir le pouvoir d'une main ferme, pour arrêter le débordement de l'anarchie ; il a pu admettre la nécessité non moins impérieuse d'offrir aux partis extrêmes une transaction entre la royauté qu'ils venaient de vaincre et la république qu'ils voulaient proclamer. Il a pu supposer qu'il entreprenait une œuvre réalisable, et que son intelligence des affaires était assez grande pour lui permettre de faire de l'ordre avec un principe de désordre.

Aujourd'hui l'expérience a prononcé sur toutes ces hypothèses ; l'illusion n'est plus permise, elle serait criminelle : il est évident que le jour où la France, fatiguée d'une révolution sans but et sans terme, voudra se réfugier dans la forme monarchique, elle ne pourra plus confier ses destinées à la monarchie qui nous a conduits au socialisme. La maison d'Orléans n'aurait aucun prétexte de se laisser imposer un rôle dans lequel tous les efforts de l'habileté, du courage et du dévouement de ses princes ont été inutiles et impuissants.

La révolution est libre, sans doute, d'offrir une seconde fois la couronne à la maison d'Orléans ; elle peut donner ce qu'elle a pris et reprendre ce qu'elle a donné ; mais la maison d'Orléans est également libre aujourd'hui vis-à-vis de la révolution, et elle n'acceptera pas comme un présent ce qu'elle s'était laissé imposer comme un fardeau ; on est aujourd'hui du moins autorisé à le croire en regard

des événements, et surtout en regard des explications qui ont eu lieu en 1830.

On a parlé quelquefois de ces explications, et
on y a fait allusion sans les connaître ; nous sommes
en mesure, et nous croyons utile en ce moment,
d'éclairer le public sur la portée et la forme de ces
explications. Le récit qu'on va lire est le résumé
fidèle des confidences que nous avons reçues des
acteurs ou des témoins du drame secret que nous
allons rappeler.

C'est dans la nuit du 31 juillet, vers une heure
après minuit, que M. le duc d'Orléans fit appeler
au Palais-Royal un personnage investi de toute la
confiance du roi Charles X, et momentanément retiré au palais du Luxembourg ; c'est dans un cabinet où le lieutenant général du royaume avait fait
jeter un matelas pour prendre quelque repos, que
les explications ont été échangées. L'entrevue fut
longue, elle dura plusieurs heures : l'avenir de la
monarchie y fut examiné, la responsabilité de la
maison d'Orléans, les éventualités d'un couronne-
ment, tout fut prévu et discuté ; et, en dernière
analyse, M. le duc d'Orléans exprima ses résolutions dans une lettre qu'il adressa au roi Charles X,
et qu'il confia au personnage qu'il avait fait appeler. Celui-ci, de retour au palais du Luxembourg,
remit la lettre à un serviteur fidèle, et le chargea
de la porter secrètement à Trianon, où le roi s'était

retiré en quittant Saint-Cloud, avec recommanda-
tion expresse d'anéantir cette dépêche à tout prix,
en cas d'arrestation pendant le trajet. La lettre portait pour suscription, *Au roi;* plus bas, *Le duc
d'Orléans.*

Au moment d'emporter ce précieux document
à travers des lignes ennemies, le fidèle serviteur
voulut se munir d'une copie, afin de la transmettre
au roi, si les circonstances l'obligeaient à faire dis-
paraître l'original. Cette précaution était justifiée
par les circonstances. Cependant, la chambre où
il se trouvait était dénuée de tout; une plume fichée
dans un vieil encrier de verre formait le mobilier
du bureau ; le papier manquait absolument. Toutefois la Providence, qui se plaît souvent à montrer
son intervention dans ces grandes péripéties, avait
permis qu'un ancien traité des ordres du Saint-
Esprit et de Saint-Michel se trouvât là pour recevoir
la copie des explications de la maison d'Orléans, et
la rendre plus sacrée : le feuillet le plus blanc de
ce livre, celui qui portait la table des matières, en
fut arraché, et la copie de la lettre du lieutenant
général du royaume y fut écrite dans un moment
où la révolution était déjà maîtresse du Palais-
Royal. Ce feuillet, gardé pendant quinze ans dans
une boîte de fer-blanc par celui qui l'a écrit, nous
a été confié en 1845, dans l'espoir que nous en
ferions l'usage le plus loyal et le plus profitable.

Voici donc la copie authentique de la lettre du duc d'Orléans au roi Charles X. Le public jugera si nous avons répondu à la confiance qu'on nous avait témoignée.

« M. de *** dira à Votre Majesté comment l'on
« m'a amené ici par force ; j'ignore jusqu'à quel
« point ces gens-ci pourront user de violence à
« mon égard : mais si dans cet affreux désordre il
« arrivait que l'on m'imposât un titre auquel je
« n'ai jamais aspiré, que Votre Majesté soit bien
« persuadée que je n'exercerais toute espèce de
« pouvoir que temporairement, et dans le seul in-
« térêt de notre maison.

« J'en prends ici l'engagement formel envers
« Votre Majesté. Ma famille partage mes sentiments
« à cet égard (1).

« Palais-Royal, 31 juillet 1830.

« *Signé :* (Fidèle sujet.) »

Nous savons positivement ce qu'est devenu l'o-riginal de cette lettre : le moment n'est pas arrivé de le dire. Ce qui est digne de remarque, c'est que le langage de ce document est conforme de tous points au langage que l'on prête en ce moment au roi Louis-Philippe, et à celui qu'il a tenu dans ses

____

(1) On trouvera, à la fin de ce chapitre, le *fac-simile* de cette copie.

relations avec les cabinets européens; il résume très-bien d'ailleurs ce que nous avons dit précédemment de la situation de la maison d'Orléans en présence des événements de 1830, des motifs qui ont pu l'amener malgré elle, dans un jour de tempête, à jeter la monarchie sur un radeau pour l'empêcher de sombrer.

Ce que nous sommes fondé à dire, c'est qu'aujourd'hui la maison d'Orléans, en acceptant la couronne volontairement des mains de la révolution, trahirait les devoirs qu'elle n'a pas cru trahir en 1830.

Ce que nous sommes surtout en droit d'affirmer, c'est que la branche cadette des Bourbons est, comme la branche aînée, dépositaire d'un principe qui appartient à la France, et qu'aucun descendant de saint Louis n'a faculté pour répudier ce glorieux et saint héritage ; car ce serait déshériter la France elle-même d'un droit national, la liberté de sa meilleure sauvegarde, et l'ordre de sa plus précieuse garantie.

Il importe à l'honneur et à l'intérêt de tous que les situations soient nettes et loyales. On a trompé les républicains en 1830, lorsqu'on leur a fait espérer que la monarchie nouvelle serait la meilleure des républiques ; il ne faut pas tromper les royalistes aujourd'hui, en leur disant que la république héréditaire est la meilleure des monarchies. Il faut renoncer à déguiser les rois en présidents de république, et les présidents de république en rois. Si la France veut des chefs de république, elle trouvera les plus légitimes et les plus sincères en dehors des races royales ; si la France veut des chefs de monarchie, il ne faut pas qu'elle prenne les cadets pour les aînés.

Ne nous laissons pas séduire par de trompeuses apparences ; renonçons, une fois pour toutes, aux chimères américaines et anglaises.

N'espérons pas que la révolution puisse faire une longue halte dans une république modérée. La plupart de ceux qui veulent cette république ne sont pas républicains ; les uns regrettent la monarchie, les autres sont encore *monarchiques* en ce sens qu'ils veulent l'*unité* de pouvoir. Si le dévouement de ces quasi-royalistes à la république modérée peut ajourner sa chute, il ne l'empêchera pas. Cette république, gardienne de l'ancien ordre social, n'est pas le but des vrais républicains : ceux-ci veulent, au contraire, renverser la vieille société, et établir une dictature démocratique et socialiste. Vouloir consolider sans eux et malgré eux une république modérée, c'est vouloir exclure les républicains de la république, c'est entreprendre une tâche que les plus sincères républicains ont déclarée impossible (1).

(1) M. Carteret, le secrétaire d'État de M. Ledru-Rollin, a fait

N'espérons pas que l'ère impériale puisse renaître dans la situation où se trouvent la France et l'Europe. Il nous faudrait encore des guerres de géants pour établir une seconde fois la dictature de la victoire.

N'espérons pas non plus que le retour de la monarchie de 1830 puisse jamais nous donner ce que la constitution de 1688 a donné à l'Angleterre. Il y a entre ces deux établissements la distance d'une restauration à une révolution.

La vraie monarchie, c'est la monarchie du principe héréditaire, inviolable et sacré. La vraie république, c'est la république démocratique et socialiste. La question est désormais posée entre ces deux termes définitifs ; le devoir de tous les hommes d'État qui ne veulent pas livrer le peuple à des illusions nouvelles, sera de proposer loyalement et hautement la première ou la seconde solution : hors de là il n'y a que des systèmes trompeurs de gouvernement, des fantômes de monarchie et des parodies de république.

devant la commission d'enquête de 1848 cet aveu remarquable :
« Le découragement me gagnait ; j'ai été républicain toute ma
« vie, il ne m'était pas permis de trier les anarchistes parmi les
« républicains : j'ai fini par me voiler les yeux.»

✦

14.

Addition à la T

A.

Agoult d'.
Aigremont.
Aiguil d'.
Arcy d'.
Arennes d'.
Armoulin d'.
Arnault d'
Arpentigny d'.
Artigue l'.
Aftier d'.

TABLE DES TITRES

Contenus dans ce second Volume.

FIN de la Table des Titres.

Addition à la Table des Noms du Tome II.

Table des Noms du Tome II.

SECONDE PARTIE.

—

QUESTIONS INTERNATIONALES.

QUESTIONS INTERNATIONALES.

I.

DES TRAITÉS.

De leur nécessité et de leur inviolabilité. — Du prétendu congrès
de la paix.

Les traités qui règlent aujourd'hui les rapports des différents États entre eux, sont plus nombreux et plus étendus qu'ils ne l'ont été à aucune époque ; ils embrassent en même temps les questions politiques et commerciales qui se rapportent à la vie des nations. Véritables sauvegardes des intérêts et des droits internationaux, ils sont à l'indépendance et à la sécurité de l'Europe ce que les lois civiles et politiques sont à l'indépendance et à la sécurité des citoyens d'un même empire. En un mot, les traités sont la grande charte du monde civilisé, la charte la plus inviolable entre toutes celles qui existent, car on ne peut y porter atteinte sans ébranler la sécurité et l'indépendance de tous les peuples à la fois.

Grâce aux progrès de la civilisation, la sainteté des traités est si bien reconnue de nos jours, que nul n'ose les violer ouvertement : s'il arrive quelquefois à un État de les rompre, il s'efforce toujours de justifier ses agressions devant le tribunal de l'opinion publique, dont la susceptibilité condamne les guerres injustes, et dont les arrêts reçoivent tôt ou tard une solennelle exécution.

Depuis quelque temps, la révolution elle-même s'est préoccupée des moyens de prévenir les luttes internationales, et d'assurer la conservation d'une paix universelle. La politique, la poésie, et l'Église elle-même, ont été appelées, dans les quatre parties du monde, à donner à cette pacifique croisade le contingent de leurs esprits les plus aventureux. Toutefois, les moyens que la révolution veut employer pour assurer la paix sont plus hostiles que conciliants, car elle provoque les citoyens des différents États à dévoiler les secrets financiers de leurs gouvernements, pour les empêcher, par cette odieuse délation, de recourir à des emprunts de

guerre, fût-ce même dans le cas de légitime défense !

La révolution nous permettra de lui dire qu'elle va bien loin chercher des moyens qui sont bien près, et qu'elle perd beaucoup de temps et beaucoup d'éloquence pour découvrir ce qui est déjà trouvé.

La puissance qui peut, comme on le dit dans le congrès de la paix, *couper le nerf de la guerre, remplacer les arcs de triomphe par des palais d'industrie, étouffer les sentiments de vengeance et assurer la paix universelle*, n'est pas une puissance occulte et mystérieuse que le congrès de la paix soit appelé à révéler au monde : c'est tout simplement le respect des traités établis, c'est-à-dire la souveraineté du droit international.

On cherche en vain une formule législative plus propre à pacifier les races nombreuses qui couvrent le globe, une formule plus susceptible de se multiplier et de se subdiviser, selon les temps et les lieux, pour concilier tous les droits et consacrer tous les intérêts.

Les peuples du moyen âge avaient fait une tentative semblable à celle qu'on renouvelle aujourd'hui, pour confier à une autorité supérieure le maintien de la paix. On avait même institué le tribunal le plus respectable et le plus élevé, en reconnaissant au souverain pontife le droit de juger les différends entre les peuples. Mais, quelque vénérée que fût alors l'autorité du saint-siége, quelque universelle que fût l'unité de sa doctrine et de son principe, il lui a été impossible de jouer le rôle auquel il avait été appelé; on doit même ajouter qu'il a été calomnié et compromis pour avoir cédé momentanément au vœu des peuples, et accepté l'ingrate mission de concilier leurs prétentions hostiles.

Le congrès de la paix ne créera pas aujourd'hui un tribunal aussi haut placé dans l'esprit des peuples modernes que le fut la papauté dans l'esprit du moyen âge; il ne formulera pas des principes politiques et religieux plus généralement admis que ceux que les siècles passés avaient reconnus; il ne pourra donc pas même conduire sa tentative jusqu'au point où était parvenue celle que nos pères avaient faite. Si le congrès de la paix a quelque influence, qu'il s'en serve pour affermir dans l'esprit des peuples le respect des traités, qu'il consacre à cette sainte entreprise toute son activité, et il pourra se glorifier d'avoir posé le plus sûr fondement de la paix universelle. A vrai dire, la paix du monde n'a plus d'autres ennemis sérieux que les peuples aveuglés par l'esprit de révolution. Les souverains, soit sagesse, soit impuissance, ont enfin compris que le maintien de la paix était le plus impérieux de leurs devoirs; et, depuis 1814, on n'a pas d'exemple de la violation, par les gouvernements, du droit public établi dans les traités de Vienne. Si la paix a été troublée en Espagne, en Morée, en Pologne et en Belgique, c'est aux mouvements des peuples qu'il faut s'en prendre. Si le système de la paix armée est venu, pendant dix-sept ans, épuiser la fortune des États et ruiner le respect dû aux traités, c'est le principe de l'insurrection, fatalement couronné le 9 août, qui a créé cette situation désastreuse. Que la souveraineté du droit international soit désormais la devise des gouvernements et des peuples, et la paix universelle sera entourée de toutes les garanties que l'imperfection attachée à toutes les œuvres humaines permet de lui donner.

Est-ce à dire que les traités doivent être éternellement immuables, en dépit des justes reproches qu'on pourrait leur adresser? A Dieu ne plaise que telle soit la portée de ces paroles !

De même que les lois se modifient et se renouvellent selon les besoins et les intérêts légitimes des peuples, de même les traités doivent être modifiés et renouvelés selon les exigences des rapports internationaux. Mais ces renouvellements doivent être eux-mêmes soumis à des règles immuables. Il faut que les traités soient observés religieusement, jusqu'à ce qu'ils aient été revisés d'un commun accord entre les parties intéressées ; il faut **surtout** qu'ils soient modifiés et rétablis en vue de consacrer **les** principes d'équité et de justice en dehors desquels il n'y a rien qui puisse être respectable et respecté.

II.

TRAITÉS DE 1815.

Mission donnée au congrès de Vienne par les événements. —
Comment il s'est écarté de cette mission.

———

Il y a bientôt trente-cinq ans que les traités de
1815 ont été signés ; depuis ce temps on a beaucoup parlé et beaucoup écrit sur ces traités, mais
on pouvait reprocher, aux controverses dont ils ont
été l'objet, un empressement à la fois inopportun
et périlleux.

Aujourd'hui la situation est changée, la question
est palpitante : les révolutions, qui ont tracé sur la
carte leurs sanglantes démarcations, ne permettent
pas qu'on se repose plus longtemps sur l'inviolabilité méconnue des stipulations qui sont la base
des divisions territoriales de l'Europe. Ce qui serait périlleux aujourd'hui, ce serait l'insouciance

des gouvernements le lendemain d'une tempête, dont la fureur mal apaisée révèle suffisamment les dangers qui menacent encore l'édifice ébranlé des traités de 1815.

Sans doute on peut dire en faveur de ces traités ce qu'on avait pu dire en faveur de ceux qui les ont précédés : jamais convention internationale n'avait été discutée, délibérée et acceptée dans des formes plus solennelles ; jamais stipulation de peuple à peuple n'avait présenté un caractère synallagmatique plus complet ; jamais la foi des nations, c'est-à-dire ce qu'il y a de plus auguste dans le monde, n'avait été engagée dans des termes plus absolus. Mais plus on rehausse l'inviolabilité des traités de 1815, plus on doit se préoccuper des causes qui ont pu entraîner les peuples à y porter atteinte : c'est cette légitime préoccupation qui doit guider dans l'examen des événements accomplis, et dans la recherche des moyens de raffermir les fondements du droit public européen.

Pour bien juger l'œuvre du congrès de Vienne, il faut avant tout se rendre compte de la situation dans laquelle il s'est trouvé, et de la mission que les circonstances l'appelaient à remplir. A ceux qui découvriront ces premiers termes de la question, il sera facile de s'entendre sur les derniers.

Ce qui doit frapper ceux qui se reportent, par

la pensée, au milieu du congrès que les événements de 1814 et 1815 avaient réuni à Vienne, c'est la hauteur à laquelle il était placé au-dessus de toutes les nations. Les plus grands congrès des siècles précédents, y compris ceux de Munster, de Ryswick et d'Aix-la-Chapelle, n'avaient pas eu à régler les questions de principes que la force des choses a soumises au jugement du congrès de Vienne, et ils n'avaient pas eu pour sanction de leurs arrêts un déploiement de forces militaires composées des contingents de l'Europe entière. La mission et l'autorité données, par la chute de Napoléon, aux Metternich, aux Castlereagh, aux Talleyrand, aux Hardenberg et aux Tatischeff, était aussi nouvelle qu'imposante. Ils formaient en quelque sorte une assemblée représentative de tous les peuples, et il dépendait de ce conseil souverain de fonder une véritable charte du droit public, sur les débris des traités que la souveraineté de la force avait tour à tour écrits et déchirés. Il semble même que la Providence eût voulu faciliter cette grande tâche, car elle avait permis que la souveraineté du droit fût triomphante partout : républiques et monarchies avaient également répudié le principe révolutionnaire pour se constituer sur les bases du droit national et traditionnel, et cette victoire, aussi complète qu'inespérée, avait donné au congrès de Vienne un principe d'unité et d'autorité morale que la vénération même des villes grecques n'avait pas donné au tribunal des amphictyons (1).

Quant aux bases sur lesquelles la paix devait être rétablie, elles avaient été consignées dans des engagements solennels ; et maintes fois, depuis l'origine de la guerre avec la France, les puissances s'étaient imposé la tâche de conquérir et d'assurer par des efforts communs l'inviolabilité de leurs lois constitutives et de leurs territoires respectifs. Les traités séparés, conclus à différentes époques, avaient toujours rappelé et consacré cette juste prétention : le traité de Chaumont, signé par toutes les puissances coalisées, les obligeait à « procurer « à l'Europe une paix générale, sous la protection « de laquelle les droits de la *liberté de toutes les* « *nations* pussent être établis et assurés. » Dans la déclaration du 25 mars, datée de Vitry, à la veille de la chute de Napoléon, les souverains s'étaient présentés comme « éloignés de toute vue d'ambition « et de conquête, et animés du seul désir de voir « l'Europe reconstruite sur une juste échelle de pro- « portion entre les puissances, de faire respecter « l'*indépendance réciproque des nations*, et de « mettre les institutions sociales à l'abri des boule- « versements. » Enfin l'empereur Alexandre, dans

(1) Voyez, pour l'importance des questions soumises au congrès de Vienne, l'appendice nᵒ 3.

les élans de son esprit chevaleresque, avait renouvelé ces déclarations à son entrée à Paris, en disant : « Que chaque peuple retrouve le bonheur dans ses « lois, *sous son gouvernement* ; et que la religion, « les arts et les sciences refleurissent, pour le bien de « tous les hommes ! »

Malheureusement cette déclaration, empreinte d'un esprit de justice et de réparation, devait être le dernier acte de cette politique nationale et désintéressée qui avait armé l'Europe. L'ivresse d'une victoire achetée par de longs efforts n'a pas permis aux puissances représentées dans le congrès de Vienne d'élever leur pensée au-dessus des calculs de l'ambition la plus vulgaire et de la vengeance la plus aveugle. L'Angleterre, devenue l'arbitre du congrès après avoir été l'âme de la coalition, ranima contre la France monarchique les hostilités qu'elle avait fomentées contre la France révolutionnaire, et donna, pour règle fondamentale des résolutions à prendre, le principe de l'amortissement de la puissance française.

Tous les engagements antérieurs furent sacrifiés à ce mot d'ordre, et notre spoliation fut présentée comme la solution de tous les problèmes que le congrès avait à résoudre. S'agissait-il d'assurer le maintien de la paix, de rétablir l'équilibre, d'affranchir les peuples, de consolider les pouvoirs légitimes ? il suffisait de renfermer la France dans les limites de 89 : cette grande conception du cabinet anglais devait être la panacée universelle (1).

On sait comment elle a été réalisée ; les conquêtes de la république et de l'empire ont été arrachées à la France pour former autour d'elle un cordon de gouvernements hostiles. Tous les souverains qu'on avait promis de rétablir, tous les peuples qu'on avait juré de délivrer, ont été immolés en holocauste à la construction de cette grande muraille de la Chine. La Belgique a été donnée aux Pays-Bas, les principautés catholiques du Rhin à la Prusse et à la Hesse protestantes ; les villes principales ont été métamorphosées en forteresses fédérales ; Gênes a été donnée au Piémont, la Lombardie et la Vénétie à l'Autriche, Malte à l'Angleterre, une moitié de la Saxe à la Prusse, et le duché de Varsovie à la Russie (2).

(1) La connivence de l'Europe dans la haine de l'Angleterre contre la France est surtout l'effet des rapports que les guerres de coalition avaient entretenus entre l'Europe et l'Angleterre. Cette influence de la politique anglaise s'est exercée, au dire même de Washington, sur les États-Unis :

« Les préjugés contre ce royaume (la France) avaient été tellement enracinés par notre union avec l'Angleterre, et par la *politique anglaise*, qu'il s'est écoulé quelque temps avant que notre peuple pût en triompher entièrement. »

(Washington, lettre au comte de Moustier, 26 mars 1788.)

(2) L'Angleterre a donné le premier exemple du manque de foi : elle avait promis aux Génois, par l'organe de lord Bentinck, que leur indépendance serait rétablie, et elle a chargé

Si on avait restitué à leurs souverains légitimes
les provinces qu'on détachait de l'empire français,
on aurait du moins couvert cette grande violation des
traités de Campo-Formio, de Lunéville et de Til-
sitt d'un voile de justice. Mais enlever à la France
ses conquêtes pour les donner à de nouveaux con-
quérants, c'était bouleverser toutes les idées de droit
public, c'était refuser à la France le droit de la victoire et en user largement pour soi-même, c'était
cumuler le bénéfice de l'équité et celui de l'ini-
quité! Et dans quelles proportions? Elles étaient
vraiment gigantesques !

Jamais, depuis l'invasion des barbares, on n'a-
vait vu une telle hécatombe de souverains et de
peuples. La révolution française avait posé le principe de ces grandes confiscations territoriales, et l'a-
vait largement pratiqué ; mais il n'était pas permis
de supposer que les hommes d'État chargés de re-
présenter des souverains légitimes oseraient signer
des actes qui devaient dépasser la révolution elle-
même dans la double violation du droit des cou-
ronnes et du droit des nationalités.

On a parlé d'équilibre ; mais ce qu'on a fait ne
répondait pas mieux aux lois de l'équilibre qu'à

le général Dalrymple de leur annoncer leur réunion à la Sar-
daigne.

celles de la justice. Les agrandissements donnés à la Prusse n'ont pas fortifié sa position géographique vis-à-vis de la Russie. Les provinces italiennes livrées à l'Autriche, au mépris de leurs vœux les plus ardents, n'ont donné à cette puissance que l'embarras d'une conquête difficile à conserver : non, il n'y a jamais eu dans le congrès de Vienne une pensée d'équilibre général ; il n'y a eu que celle d'amoindrir et d'affaiblir la France. La seule pensée qui se soit fait jour à côté de celle-là, et dont les représentants de l'Europe aient été les aveugles instruments, a été la pensée audacieusement exprimée par un diplomate anglais à un diplomate russe dans ces termes ambitieux : « A vous la terre, a nous la mer ! » On a traité les souverains et les États faibles comme s'ils étaient destinés à servir d'enjeu à l'ambition des grandes puissances, et on a donné pour unique enseignement aux générations futures l'oubli des engagements les plus solennels. En définitive, la pensée généreuse de l'empereur Alexandre s'est réduite à des cessions de territoires, à des supputations de frais de guerre et à des règlements d'indemnités, comme s'il eût été question d'un partage de prises entre corsaires anglais et prussiens.

L'expérience a-t-elle été favorable à cette déviation des principes qui devaient diriger le congrès de Vienne? A-t-elle ratifié les arrêts que la justice n'avait pas rendus? C'est ce que les événements de 1815 à 1830 et de 1830 à 1848 vont nous apprendre (1).

(1) Pour faire comprendre jusqu'à quel point le congrès de Vienne s'est éloigné de la mission que les événements et les déclarations antérieures lui avaient donnée, nous publions, à l'Appendice, quelques extraits du traité de Chaumont et de la déclaration de Vitry. (Voy. Appendice, n° 4.)

III.

1815 — 1830.

Nouveau système de droit public. — Sainte-Alliance. — Congrès
de Vérone. — Rupture du concert européen. — Alliance de
l'Angleterre avec la révolution. — Première tentative d'alliance
continentale, rompue par la révolution de juillet.

———

Le lendemain du jour où le congrès de Vienne,
oubliant sa mission véritable, venait d'achever une
téméraire contrefaçon de la politique qu'il se vantait d'avoir vaincue, les cabinets se sont souvenus
des principes tutélaires de morale et de justice qu'ils
avaient voulu faire triompher avant la victoire. Le
maintien des droits établis est devenu le but de
tous leurs efforts, et un système nouveau de concert européen, un système qu'on peut appeler amphictyonique, a été adopté comme moyen d'atteindre ce but.

La pensée de soumettre les décisions futures des souverains à des règles immuables de droit public, et aux préceptes mêmes de *fraternité* et d'*amour* que la loi divine enseigne à tous les peuples, a été loyalement exprimée dans le célèbre traité de la Sainte-Alliance, rédigé et signé à Paris, le 26 septembre 1815, par les trois souverains de Russie, de Prusse et d'Autriche, et auquel ont adhéré tous les princes du continent. L'Angleterre seule s'y est refusée ; le prince régent du moins a déclaré que, tout en adhérant aux principes consignés dans cet acte, il ne pouvait y apposer sa signature sans violer les lois constitutionnelles de son pays, qui exigent le contre-seing d'un ministre responsable (1).

Quant au système de concert européea, il avait été formellement proclamé dans le traité d'alliance du 20 novembre 1815, qui avait appelé les ministres de Russie, de Prusse, d'Autriche et d'Angleterre, résidant à Paris, à remplir les fonctions de gardiens des traités, et à discuter, dans des conférences régulières, les affaires qui intéressaient le repos de l'Europe. Le même traité avait stipulé

(1) Ce n'était qu'un prétexte spécieux pour rester l'arbitre des rivalités du continent. On trouvera à l'Appendice ce traité de la Sainte-Alliance, que beaucoup d'hommes politiques ont condamné sans l'avoir lu, et qui aurait été jugé plus favorablement s'il avait été mieux connu. (Voy. n° V.)

que, sous les auspices immédiats des souverains ou de leurs plénipotentiaires, des réunions diplomatiques seraient consacrées périodiquement à l'examen des mesures qui pourraient assurer le repos et la prospérité des peuples.

La première réunion avait été fixée à l'automne de 1818.

Les conférences de Paris sont parvenues à résoudre des questions que le congrès de Vienne avait laissées indécises, et notamment celle de la réversibilité de l'État de Parme. D'un autre côté, les congrès d'Aix-la-Chapelle, de Troppau et de Laybach ont réussi à trancher les questions qui avaient provoqué leur réunion; et, sans s'arrêter à chacun des actes de ces conseils amphictyoniques, on peut dire que la diplomatie était entrée dans une ère nouvelle, et que les droits et les intérêts des peuples étaient en voie de recevoir, sous l'empire de ces états généraux des nations, des garanties plus inviolables que celles qu'ils avaient obtenues dans le passé. Il est certain que les calculs les plus savants d'équilibre avaient toujours été insuffisants, depuis Charlemagne jusqu'à Napoléon, pour contenir l'ambition des souverains. Le système imaginé par Henri IV, qui voulait réduire tous les potentats chrétiens à une égalité absolue de force, et faire de la carte de l'Europe une sorte de damier, aurait été insuffisant lui-même, s'il avait pu être réalisé (1). C'était donc un honneur pour les cabinets d'avoir voulu soumettre tous les princes sans distinction aux décisions souveraines d'un conseil des peuples, chargé de faire prévaloir les principes d'équité et de justice. Mais, adopté par un dévouement tardif et intéressé, ce nouveau système de droit public ne devait pas obtenir un succès complet; et il semble que la Providence ait voulu faire expier aux puissances les fautes du congrès de Vienne, en refusant à leurs efforts pour la conservation de leurs conquêtes le concours qu'elle avait donné à leurs luttes contre l'oppression et l'injustice.

Le congrès de Vérone, appelé, comme ceux qui l'avaient précédé, à résoudre, par un commun accord, les questions qui intéressaient la paix de l'Europe, a échoué dans cette mission, et a été le tombeau du système amphictyonique que les cabinets avaient voulu établir.

Pour comprendre l'influence fatale de cette contre-révolution inattendue, qui faisait reculer la diplomatie d'un demi-siècle, il importe de donner

______

(1) « Réduire tous les potentats de la chrétienté à une si fort approchante égalité de puissance, tant en force qu'en étendue de terre et de pays, que nul d'iceux, par l'excès d'iceux, n'entre en l'avidité d'en opprimer quelqu'un, ni l'un d'iceux en l'appréhension de le pouvoir être de lui. » (*Mémoires de Sully,* pag. 600.)

ici quelques explications sur les causes qui l'ont amenée.

Les questions qui devaient être agitées au congrès de Vérone étaient au nombre de cinq :

La pacification de l'Italie,

La traite des nègres,

L'avenir des colonies espagnoles,

Les démêlés de l'Orient entre les Grecs, les Russes et les Turcs,

La révolution espagnole.

La première question ne pouvait soulever aucune difficulté sérieuse, puisque l'Italie était pacifiée, et qu'il s'agissait seulement des mesures à prendre pour y conserver l'ordre.

La seconde semblait également résolue, car les puissances étaient unanimes pour considérer la traite comme un crime qui appelait une juste répression.

Les démêlés de l'Orient ne demandaient encore aucune résolution positive.

Le droit de l'Espagne sur les colonies ne pouvait être l'objet d'aucun doute. Enfin, la révolution espagnole semblait devoir être réprimée en vertu des mêmes principes qui avaient amené la répression de la révolution italienne.

Mais le cabinet de Londres avait souffert impatiemment, depuis la paix, le développement du nouveau système politique qui soumettait le règlement des intérêts généraux de l'Europe aux décisions d'un conseil amphictyonique. Les intérêts politiques et commerciaux de l'Angleterre se trouvaient menacés, par la résolution des puissances continentales de ne plus céder aux exigences que leur avait imposées une guerre de vingt-cinq ans. C'en était fait de la puissance artificielle que l'Angleterre devait aux déchirements des États européens, si leurs rapprochements, devenus plus étroits, leur permettaient d'écarter toutes les causes d'antagonisme qui pouvaient encore se présenter. C'en était fait surtout de l'influence du cabinet anglais sur le continent, si la question espagnole était résolue par une intervention de la France. Le mauvais génie de l'Angleterre se révolta à cette seule pensée, et le duc de Wellington fut envoyé à Vérone pour entraver toute résolution collective du congrès relativement aux affaires d'Espagne, soit par des objections sur la question elle-même, soit par une rupture qui enlèverait aux décisions du congrès le caractère d'unanimité qui était leur plus grande force. Cette pensée secrète, mais impossible à dissimuler, s'est trahie de plusieurs manières : par l'exagération des prétentions du cabinet anglais, et par la mauvaise foi évidente de ses explications. En effet, il n'a pas été permis de prendre au sérieux le duc de Wellington, lorsqu'il est venu demander que, pour mettre un obstacle à la traite des nègres, le congrès prohibât l'entrée des États alliés aux produits des colonies appartenant aux États qui n'auraient pas aboli la traite; lorsque, d'un autre côté, il a proposé que l'indépendance des colonies espagnoles fût reconnue, pour mettre fin aux actes de piraterie qui inquiétaient le commerce du nouveau monde; enfin, lorsqu'il s'est refusé à exprimer une opinion précise sur la question espagnole, sous prétexte qu'il n'était pas suffisamment informé de l'état des choses.

Il était impossible de se faire illusion sur l'excentricité de ce langage : cependant les puissances continentales, qui avaient promis ou fait espérer à la France un concours moral et matériel dans le cas d'un conflit avec l'Espagne, se crurent obligées de s'arrêter devant le veto déguisé de l'Angleterre : elles se bornèrent à adresser trois dépêches insignifiantes à la cour de Madrid, et laissèrent à la France le péril et l'honneur de résoudre seule la question espagnole (1). Au point de vue de la politique française, cette décision n'est pas à regretter, puisque la France a trouvé l'occasion d'en tirer un parti utile et glorieux ; mais, au point de vue de la politique générale, il était impossible de ne pas déplorer la rupture définitive du concert des puissances européennes.

(1) Voyez, à l'Appendice, un résumé des explications de M. de Chateaubriand à ce sujet. (Voy. n° 6.)

En effet, c'est à dater de ce jour que l'Europe est entrée dans une voie nouvelle, ou plutôt a rétrogradé vers le temps où la diplomatie était l'art de créer des alliances offensives et défensives qui mettaient la ruse ou la force à la place du droit, et livraient le repos des États à la garantie précaire et illusoire d'un équilibre impuissant. Ce retour inattendu vers la politique du moyen âge était d'autant plus périlleux pour l'Europe continentale, que les révolutions et les bouleversements, dont l'Angleterre seule n'avait pas eu à souffrir, lui permettaient d'ajouter des rivalités de principe aux vieilles rivalités d'intérêt, et de trouver un nouveau point d'appui dans les rapports secrets qu'elle avait eus avec les mécontents de tous les pays. Afin de mieux apprécier l'importance de ce concours nouveau assuré à la politique de la Grande-Bretagne, il importe de rappeler les paroles prononcées à la tribune anglaise par M. Canning, à l'époque où l'opposition le pressait d'empêcher l'intervention de la France en Espagne.

« Je sais, disait M. Canning, que l'Angleterre
« verrait ranger sous sa bannière tous les mécon-
« tents et tous les esprits inquiets du siècle, tous
« les hommes qui, justement ou *injustement*, ne
« sont pas satisfaits de la condition actuelle de leur
« patrie.

« Mais s'il est bon d'avoir une *force gigantes-*

« *que*, notre affaire est de ne point chercher l'oc-
« casion de la déployer, excepté partiellement, et
« d'une *manière suffisante* pour faire sentir qu'il
« est de l'intérêt des exagérés des deux côtés de se
« garder de convertir LEUR ARBITRE en *compéti-*
« *teur*. »

Soit impuissance, soit sagesse, M. Canning n'a
pas déployé, en 1825, cette force gigantesque d'une
manière suffisante pour se constituer notre arbitre
ou notre heureux compétiteur; mais il avait découvert le secret de la puissance anglaise : elle pouvait
compter sur tous les hommes justement ou injustement mécontents de leur patrie, et ils pouvaient
compter également sur elle. De telle sorte que l'Europe, ramenée forcément à toutes les rivalités des
siècles passés, se voyait en même temps livrée à
toutes les trahisons révolutionnaires qu'il plairait à
l'Angleterre de soudoyer sur le continent.

Devant ce défi de l'ambition anglaise, l'Europe
n'avait plus qu'un seul parti à prendre : c'était celui de former une alliance continentale pour résister à l'ennemi commun ; c'était celui de reconstituer, dans des vues de conservation et de justice,
le système de blocus continental que l'empire, dans
un intérêt moins légitime, avait cherché à établir.

Si l'Europe était entrée dans cette voie, les révolutions qu'elle a subies auraient pu être évitées.
Il est certain que les cabinets ont été avertis, et on

peut s'étonner de leur imprévoyance en lisant la lettre suivante d'un homme d'État autrichien qui a été une des lumières du congrès de Vérone, et dont la sagacité avait découvert la politique la plus conforme aux intérêts du continent : « J'ai observé avec « une véritable satisfaction, écrivait M. Gentz à « M. de Chateaubriand le 15 janvier 1823, que « vous vous êtes plusieurs fois servi du terme d'*al-* « *liance continentale*. Rien ne me paraît plus juste « que de substituer ce terme (au moins dans le « langage confidentiel des cabinets) à tant de dé- « nominations vagues qui, en dernier lieu, n'ont « servi qu'à couvrir la nullité des engagements « auxquels elles se rapportaient. Si l'ordre et la « paix peuvent encore être solidement établis en « Europe, il n'y a que l'union sincère et active « des grandes puissances du continent qui puisse « nous y conduire. Tout est vrai, tout est réel « dans cette association : en dépit de la diversité « des formes, les intérêts sont communs, les be- « soins sont réciproques. Avec les talents même « du premier ordre à la tête de son gouvernement, « la France ne peut se consolider par une marche « isolée, *et Dieu la préservera de jamais choisir* « *celle dans laquelle elle rencontrerait l'Angle-* « *terre*. Et, quant à nous, quoique tranquilles « encore sous l'égide de nos vieilles institutions, « comment compterions-nous longtemps sur la sta-

« bilité de ce bonheur, si la France ne nous ren-
« dait pas, par la sagesse de ses conseils et le suc-
« cès de ses mesures, ce même appui moral qu'elle
« a droit d'attendre de notre part? Toute la haute
« politique me paraît renfermée dans ces simples
« vérités; le reste ne vaut pas la peine qu'on s'en
« occupe (1) »

M. Gentz avait mille fois raison : toute la politique pouvait se résumer dans l'alliance continentale,
unique moyen de contre-balancer la prépotence du
cabinet anglais, et d'élever une digue au débordement des passions révolutionnaires, soldées et fomentées par la puissance britannique.

Les hésitations de l'Autriche et de la Prusse,
fondées sur leurs anciennes et récentes intimités
avec l'Angleterre, n'ont pas permis que la pensée
de M. Gentz se réalisât aussi promptement que
l'aurait exigé l'intérêt bien entendu de ces puissances. Cependant c'est le sentiment de la communauté d'intérêts entre les États du continent qui,
quelques années plus tard, a heureusement secondé
les entreprises de la France en Grèce et en Afrique,
et paralysé l'opposition du cabinet anglais. C'est
encore ce même sentiment qui a développé entre
la France et la Russie une union assez intime pour

____

(1) M. Gentz, 16 janvier 1823. Congrès de Vérone, I, pag. 440.

qu'un projet de remanier les traités de 1815 ait été l'objet de leurs négociations.

L'Angleterre put s'apercevoir alors que son égoïsme, devenu odieux à tous les cabinets, la condamnait à un isolement absolu. Si elle avait réussi à renverser le conseil amphictyonique formé en 1815 et à dissoudre le concert européen, l'Europe éclairée y avait substitué un concert continental, devant lequel s'était brisée son opposition à la délivrance de la Grèce et à la déposition du Dey d'Alger. Cette dernière victoire de la politique continentale était d'autant plus humiliante pour l'Angleterre, que déjà, au congrès de Vienne, elle avait formellement refusé toute délibération sur les moyens d'affranchir du brigandage des régences barbaresques les États qui entourent la Méditerranée. Obligée de subir cette nouvelle et profonde atteinte à son influence, après avoir été déjà vaincue si souvent dans ses prétentions, l'Angleterre ne pouvait plus se relever que si une révolution nouvelle, en suscitant de nouveaux troubles dans les rapports du continent, venait rallumer les incendies qui alimentent la vie commerciale et politique de cette puissance insulaire. Ce fatal secours ne lui a pas manqué. Elle ne pouvait même souhaiter une révolution plus favorable que celle qui est venue renverser les descendants et les héritiers de la politique de Louis XIV, pour placer sur le trône de France les héritiers du régent. Il n'est pas clairement démontré que le cabinet anglais ait concouru directement à la révolution qui l'a sauvé d'un isolement mérité ; mais il est certain que ce cabinet a usé largement de ses rapports avec ceux qui, justement ou injustement, étaient mécontents des Bourbons de la branche aînée, pour créer à leur gouvernement des embarras sérieux ; et par là il a concouru d'une manière décisive, quoique indirecte, au triomphe de l'insurrection de juillet 1830. Il est également certain que, dans l'aveuglement de sa joie et dans l'égoïsme de sa politique, l'Angleterre n'a pas hésité à reconnaître le pouvoir issu de cette insurrection, et à presser l'Europe de suivre son exemple (1).

(1) On doit se rappeler que ce patronage a été reconnu publiquement dans les débats parlementaires de 1840 à 1841.

IV.

1830 — 1848.

———

Les grandes puissances du continent, étourdies par ce bouleversement inattendu qui creusait un nouvel abîme entre elles et la France, se sont préoccupées uniquement du maintien de la paix matérielle, et des moyens de se faire illusion sur la profondeur de l'abîme qu'on venait de couvrir d'un manteau royal.

Elles y étaient encouragées par l'attitude pacifique que prit tout d'abord le nouveau gouvernement relativement aux traités de 1815, et par l'espoir que la révolution serait tôt ou tard vaincue par un prince qu'une longue expérience des hommes et des choses semblait avoir préparé pour cette difficile entreprise.

Une seule puissance, la Russie, a paru comprendre la véritable portée de la révolution de 1830, au point de vue du droit constitutionnel et du droit des gens ; seule elle a prévu que la puissance des principes serait plus forte que celle de l'expérience et du talent ; seule elle s'est refusée à ces relations d'une fausse amitié et à ces reconnaissances douteuses, œuvres intéressées de l'ambition britannique. C'est en vain que le cabinet de Paris a envoyé à Saint-Pétersbourg un personnage honoré de la bienveillance de l'empereur Nicolas, c'est en vain que des communications confidentielles, de nature à satisfaire les partisans les plus prononcés du principe de la légitimité, ont été adressées au czar : rien n'a pu le déterminer à sortir de sa réserve, et, sans rompre les relations de peuple à peuple, il a persisté avec une invincible opiniâtreté à interrompre toute relation de souverain à souverain (1).

(1) On peut affirmer que ces communications avaient été conformes à celles de la nuit du 31 juillet. Quant à l'existence même de ces communications, elle nous a été garantie par le marquis de Paulucci, qui en avait reçu la certitude de la bouche même de l'empereur Nicolas, auprès duquel il était en mission extraordinaire.

Cette attitude de bienveillance équivoque ou de défiance avouée des puissances continentales à l'égard de la France servait admirablement les intérêts du cabinet anglais. D'une part, elle entraînait l'Europe dans des armements considérables et ruineux, où devaient s'engloutir les finances de tous les États; d'autre part, elle rendait, pour longtemps, impossible le rétablissement d'une alliance continentale, car l'Angleterre n'avait plus seulement à exploiter l'esprit révolutionnaire de quelques mécontents, elle avait en quelque sorte à sa disposition le gouvernement révolutionnaire d'une grande nation; et, sur ce point d'appui nouveau, elle devenait nécessairement l'arbitre des destinées de l'Europe.

Enfin, le désir ardent de tous les souverains de maintenir la paix ajoutait encore à la prédominance du cabinet britannique, qui, pouvant à son gré susciter ou étouffer la guerre, en faisait apparaître ou évanouir le fantôme selon les besoins de sa politique.

Tout ce qui s'est passé en Europe de 1830 à 1848 a été la conséquence de cette situation anormale. Les conférences diplomatiques ayant pour but de concilier les prétentions hostiles des puissances du continent, ont été désormais tenues à Londres; et, dans ce nouveau concert européen, ce n'est plus l'intérêt général qui a prononcé les décisions, c'est le cabinet britannique qui a régné sur les divisions

17.

qu'il avait fomentées. Tantôt il s'est servi de la France pour faire prévaloir ses prétentions contre l'Europe, et tantôt de l'Europe pour combattre les prétentions de la France.

La question d'Orient, qui embrassait les intérêts les plus considérables de l'Europe, est venue attester, dans ses développements successifs, cette fatale destinée de la politique continentale.

En 1835, dans la première période de ce grand conflit soulevé par l'aveugle ambition d'un pacha, lorsque la flotte russe vint forcer le passage du Bosphore et dicter à la Porte le traité d'Unkiar-Skelessi, la France, n'ayant plus le choix de ses alliances, fut appelée à suivre la politique de l'Angleterre; et peu s'en est fallu que la flotte française ne fût entraînée à forcer le détroit des Dardanelles à la suite de la flotte anglaise, pour assurer la prépondérance du cabinet britannique à Constantinople.

Dans la seconde période de la question d'Orient, à l'époque où la France soutenait les intérêts du pacha d'Égypte, c'est l'Europe que l'Angleterre a appelée à combattre les prétentions du cabinet français : alors on a pu voir la conférence de Londres (scandale inouï, révélation éclatante de la perturbation que les événements de 1830 avaient créée, témoignage irrécusable de l'impuissance des hommes contre la logique des principes), on a pu voir la conférence de Londres signer, à côté de l'ambassadeur français, un traité qui rétablissait contre la France la vieille coalition de 1792 !

Dans la question d'Espagne comme dans celle d'Orient, l'Angleterre a réussi longtemps à dominer tour à tour l'Europe par la France et la France par l'Europe. Le succès a été pendant longtemps aussi complet que l'Angleterre pouvait le désirer : elle est même parvenue à obtenir le concours de la France contre le prétendant qui représentait l'intérêt français, et à scinder le continent en deux camps par la conclusion de la quadruple alliance.

Toutefois, le jour est arrivé où ce système d'intrigues diplomatiques, toujours favorable aux calculs de l'Angleterre, s'est retourné contre elle-même.

L'Espagne, fatiguée d'une protection trop exigeante, a osé s'en affranchir pour conclure un mariage qui blessait profondément l'influence de la politique anglaise dans la Péninsule. Le cabinet de Londres a voulu cette fois, comme en 1840, soulever les puissances continentales contre la France ; mais l'Europe, plus attachée que jamais à son système pacifique, n'a pas cru nécessaire de le compromettre comme en 1840. Il lui était d'ailleurs bien difficile de comprendre qu'un mariage de la maison d'Orléans avec la maison d'Anjou fût plus menaçant, pour son repos, que ne l'avait été l'expédition française de 1825 ; et lord Palmerston s'est vainement efforcé de reconstituer une coalition pour défendre des clauses plus ou moins explicites du congrès d'Utrecht.

Vaincue à son tour par le système de bascule qui, depuis dix-sept ans, avait assuré le triomphe de ses intérêts dans toutes les questions, l'Angleterre n'avait plus qu'une ressource pour soutenir son influence : c'était d'appeler à son aide les mécontents de tous les pays, et de susciter des révolutions nouvelles sur le continent. Il fallait une audace peu commune pour entrer dans cette voie à une époque où les nations étaient si profondément ébranlées par les passions révolutionnaires, et où tous les pouvoirs étaient plus ou moins minés par l'action des sociétés secrètes. Mais l'Angleterre, qui possède les hommes d'État les plus éclairés et les plus habiles, possède aussi les plus aventureux : elle peut compter en même temps, dans le maniement des affaires, sur le privilége de la prudence et sur le privilége de l'audace : dans les circonstances où la sagesse hésite, la témérité arrive à son secours. Il s'est trouvé en 1847 un ministre des affaires étrangères qui s'est armé sans scrupule de la force gigantesque que M. Canning avait léguée à son pays, et qui s'est précipité en *compétiteur* sur l'Espagne, la Suisse, l'Italie et la France, qui ne voulaient pas de l'Angleterre pour *arbitre.* C'est à lord Minto

que fut confiée la mission de soulever tous les mécontents de l'Italie et de la Suisse. Ce que les dé-
magogues avaient fait dans les premiers jours de la
révolution de 1830 a été renouvelé en 1847 par la
diplomatie anglaise, afin d'entraver les efforts que
faisait la dynastie d'Orléans pour réunir la France
à l'Europe, et afin de punir l'Espagne et l'Autriche d'avoir secoué le joug de l'influence britannique.

Les relations de l'Angleterre avec les mécontents
de la Sicile étaient les plus anciennes et les plus
étroites : c'est dans cette île que l'explosion a commencé. De là l'incendie s'est répandu successivement dans le royaume de Naples, la Toscane, le
Piémont, les États lombardo-vénitiens et les États
romains. Dans ce dernier pays, l'influence de lord
Minto n'a pas été aussi apparente que dans le reste
de l'Italie, parce que la présence d'un envoyé anglais à Rome ne pouvait se prolonger sans soulever
des représentations au sein même de l'Angleterre;
mais cette influence n'a pas été moins réelle et
moins funeste, car elle est parvenue à troubler le
développement régulier et pacifique des réformes
que le pape Pie IX avait inaugurées. Les salons de
lord Minto ont été à Rome, comme à Naples et à
Turin, le rendez-vous de tous les mécontents; c'est
là qu'ils venaient chercher des inspirations et même,

il faut bien le dire, jusqu'au mot d'ordre de leurs manifestations (1).

Ceux qui accusent Pie IX d'avoir donné le premier élan aux passions qui ont bouleversé l'Europe, sont, involontairement peut-être, mais très-réellement coupables d'une partialité inconsidérée envers le pape, et d'une complaisance aveugle envers l'Angleterre. Sans doute il est commode, pour tous ceux qui ont pu contribuer à susciter les désordres de 1848, d'en renvoyer la responsabilité à Pie IX; mais il est plus vrai de dire que l'explosion de la révolution de février est venue fomenter les désordres qui ont ruiné et ensanglanté l'Italie. En supposant même que l'agitation de la Péninsule ait été elle-même une sorte d'encouragement au mouvement révolutionnaire qui a emporté le monde, c'est aux intrigues anglaises qu'il est juste de s'en prendre; c'est l'égoïsme britannique qui a sacrifié l'intérêt de ses plus anciens alliés, de l'Autriche en particulier, aux besoins de la vengeance; c'est cet égoïsme qui a soulevé en Italie toutes les questions de liberté intérieure et extérieure, capables de bouleverser le pays, et en même temps de compromettre les relations des cabinets de Vienne et de Paris.

(1) Nous tenons, d'un de ces illustres mécontents, qu'il est allé concerter lui-même chez les agents anglais la plupart des manifestations politiques.

Si quelques doutes pouvaient exister sur cette influence révolutionnaire du cabinet britannique dans les affaires d'Italie ; si la main qui agitait Rome est restée habilement cachée sous des dehors de bienveillance, on ne peut pas fermer les yeux sur ce qui s'est passé en Suisse. Les partis qui divisaient l'Europe y étaient en présence, les principes étaient opposés publiquement aux principes ; la lutte engagée entre les cantons suisses était celle qui était plus ou moins déclarée partout entre les gouvernements et leurs ennemis. Les hommes d'État clairvoyants avaient compris que l'âme de la révolution était là ; de son côté, la diplomatie avait pu découvrir que la révolution n'y était pas seulement en esprit, mais en corps, par la présence et les excitations personnelles des fauteurs d'anarchie. Cette fois, la place de l'Angleterre était marquée à côté de l'Autriche et de la Prusse: cependant c'est au milieu des corps francs, pour ainsi dire, que le ministre anglais s'est montré ; c'est à leurs tentatives criminelles qu'il a prêté son déloyal concours (1).

(1) C'est lord Minto qui a porté les premiers encouragements aux révolutionnaires suisses. Il a eu, à son passage à Berne, plusieurs conférences avec le chef des corps francs, M. Ochsenbein. Dans la suite des événements, c'est M. Peel qui a continué la politique de lord Minto, et dit au général Dufour d'*en finir vite* avec le Sonderbund, au moment même où lord Palmerston

On sait quel a été le résultat de cette politique
odieuse et machiavélique dans les événements de
la Suisse, et quelle influence la révolution a exercée sur les destinées de l'Europe elle-même. On a
pu apprécier également, depuis deux ans, les avantages que l'Angleterre a recueillis de la débâcle de
tous les gouvernements qui avaient osé refuser
l'Angleterre pour arbitre. Mais ce triomphe visi-
ble de l'influence anglaise, quelque considérable
qu'il soit, est encore au-dessous du triomphe que
le monde n'a pas vu : à côté de la victoire connue
de tous, il y a une victoire inconnue qui donne
à la première une nouvelle importance. Il s'en est
fallu de quelques jours seulement que la vieille
Europe ne reconstituât l'alliance continentale brisée une première fois par la révolution de 1830,
et n'arrachât au ministère anglais le prix de ses
longues et audacieuses intrigues.

Justement irritées des alliances démagogiques
de l'Angleterre, impatientes de réprimer cette pro-
pagande souterraine, et de neutraliser les moyens
criminels de domination que l'esprit de révolution
assure au cabinet de Londres, les puissances continentales avaient dû sentir le besoin de combattre
le désordre par des efforts communs, et indépen-

signait avec les puissances continentales un *memorandum* qui
devait suspendre les hostilités en Suisse.

dants de la puissance qui donnait en secret la main aux mécontents. Tandis que l'affaire spéciale du *Sonderbund* semblait occuper exclusivement l'activité de l'ambassadeur de France en Suisse, il négociait secrètement, et même à l'insu de la plupart des membres du cabinet français, une alliance continentale avec la Russie, la Prusse et l'Autriche, pour donner, à l'action future des cabinets sur la paix de l'Europe, une autorité plus irrésistible et une unité plus imposante. Cette négociation était même arrivée à un heureux résultat au commencement de 1847, et un projet de traité, adopté par les plénipotentiaires réunis en Suisse, avait été présenté à l'assentiment du roi Louis-Philippe.

Cette conclusion inattendue d'une alliance continentale était un fait grave et décisif dans les rapports des États européens. C'était, d'une part, l'admission de la dynastie d'Orléans dans le cercle des dynasties légitimes, et, d'autre part, l'isolement et l'affaiblissement de la politique anglaise. Une révolution si complète et si inespérée dans l'équilibre européen, un retour si naturel de la France à ses véritables alliances, une revanche si inespérée du traité du 15 juillet 1840, étaient de nature à satisfaire les vœux les plus ardents et les plus légitimes du cabinet de Paris; mais, au moment de signer cet acte important, le chef de la maison d'Orléans, soit qu'il ne se crût pas assez fort pour rompre avec le parti révolutionnaire au dedans, soit qu'il ne pût se résoudre à briser définitivement une alliance qui avait été, depuis le régent, un fidéicommis héréditaire dans sa famille, le chef de la maison d'Orléans laissa tomber de sa main, fatalement paralysée, la plume qui pouvait changer le sort de l'Europe.

On vit alors s'éloigner de Paris deux envoyés extraordinaires des grandes cours du continent, sans emporter la signature qu'ils étaient venus chercher (1). Cependant la défaite du Sonderbund, et l'appui donné aux intrigues révolutionnaires par le cabinet anglais, avaient fait comprendre plus que jamais la nécessité de reconstituer, si ce n'est dans toute sa portée, du moins dans l'intérêt du maintien de la tranquillité, l'alliance continentale brisée en 1830; et la négociation abandonnée un moment fut reprise avec ardeur. Les plénipotentiaires, qui avaient réussi une première fois à s'entendre, ne tardèrent pas à se mettre de nouveau d'accord ; un second pacte d'alliance continentale fut adopté par eux, et, cette fois, le chef de la maison d'Orléans, oubliant tous ses scrupules devant l'intérêt et les nécessités du moment, paraissait décidé à signer le traité qui le séparait du cabinet anglais ;

______

(1) Le général Radowitz et le comte Colloredo.

on avait même arrêté que les ratifications seraient échangées dans les premiers jours de mars 1848!... Il n'est pas besoin de dire comment cette seconde ratification a échoué, ni de scruter témérairement l'avenir qui peut se révéler dans ce coup d'État de la Providence. Mais il est impossible de ne pas remarquer que c'était une victoire nouvelle de la révolution, qui venait encore sauver l'Angleterre de l'isolement que sa politique égoïste avait fait autour d'elle.

Voilà donc deux fois en moins de vingt ans que la politique anglaise lutte contre les progrès du droit public, deux fois qu'elle réussit à reconstituer son influence en suscitant un antagonisme d'intérêts et de principes, et en soulevant des haines implacables qui suspendent la marche de la civilisation ; deux fois que l'Europe fait de légitimes efforts pour se soustraire à la tyrannie des prétentions anglaises, et deux fois que le parti révolutionnaire vient fomenter l'insurrection et la guerre civile au cœur du continent, afin, sans doute, de payer au cabinet anglais la dette toujours exigible de sa criminelle reconnaissance !...

On pouvait alléguer autrefois que l'Angleterre donnait la main au développement de la civilisation ; l'illusion était possible lorsque la révolution était à son premier acte ; on conçoit même encore l'erreur de ceux qui ont cru, en 1830, à la sincérité des sympathies anglaises pour ce qu'ils appelaient notre révolution de 1688. Mais en 1847, lorsque les gouvernements établis dans presque toute l'Europe pouvaient se vanter de jouir des libertés constitutionnelles, lorsque la charte anglaise avait servi de modèle à toutes les chartes, ce n'est plus à la liberté mais à la licence que l'Angleterre a accordé son appui ; ce n'est plus au secours de la civilisation qu'elle est venue en France, en Allemagne, en Italie et en Suisse, mais au secours de la plus honteuse barbarie. Le crime est éclatant, les conséquences en sont terribles ; et s'il est encore des esprits assez aveugles pour se laisser tromper, si l'audace et l'insolence des prétentions de l'Angleterre ne soulèvent pas tous les peuples à la fois, c'est que l'heure dernière des révolutions n'a pas sonné, c'est que la Providence a encore besoin d'un fléau pour nous frapper.

V.

1848.

———

Nous sommes parvenus à l'année 1848; les événements qui se sont succédé depuis cette époque sont trop présents à nos souvenirs pour qu'il soit nécessaire de les rappeler en détail; il suffira de les apprécier en peu de mots, afin de préciser la situation des choses en Europe, et d'indiquer le parti qu'elle peut adopter aujourd'hui pour surmonter les périls qui sont venus l'assaillir.

La chute du Sonderbund avait révélé au monde, qui se berçait d'illusions, deux faits avant-coureurs du désordre : la désunion du parti conservateur, et l'autorité toujours croissante des principes ré-

volutionnaires. On avait vu avec une sérieuse in-
quiétude les grandes puissances abandonner publiquement une cause qu'elles avaient secrètement
encouragée, et le roi de Prusse payer l'amende
que les vainqueurs avaient imposée au canton de
Neufchâtel. Les principes n'étaient pas seuls vaincus
dans cette circonstance ; les cabinets eux-mêmes
s'étaient reconnus impuissants. La révolution n'a-
vait qu'à s'établir sur un point, pour triompher sur
toute la ligne. La révolution a surpris Paris le 24 février, et quelques semaines lui ont suffi pour faire
le tour de l'Europe.

Berlin, Vienne, Milan, ont suivi l'exemple de
Paris ; bientôt le désordre a été universel, et les
pouvoirs qui n'étaient pas renversés semblaient n'attendre eux-mêmes que l'heure de leur chute. Une
seule planche de salut restait à l'Europe : c'était
l'excès du mal. Si l'esprit révolutionnaire avait pu
se défendre de ses propres égarements, pas un trône
ne serait resté debout.

Mais la démocratie, fière de ses succès en France,
a voulu atteindre d'un seul bond, à Vienne comme
à Paris, les dernières conséquences de ses principes.
Dans son aveugle précipitation elle a dépassé la
mesure de ses forces, et l'Europe a été sauvée.

Les monarchies prussienne et autrichienne, un
moment ébranlées, ont courbé la tête devant l'orage
qui éclatait en même temps sur toute l'Europe ;

mais leurs racines étaient trop profondes pour céder à ce premier assaut. Les insurrections, que des intrigues étrangères avaient suscitées, ont vainement lutté pour triompher de la fidélité héréditaire des armées allemandes ; et la révolution, un moment victorieuse au delà du Rhin, a bientôt cédé le terrain qu'elle avait usurpé par surprise. Les traités, que la révolte avait abolis ou menacé d'abolir en Italie, ont été affermis par l'épée d'un vieux capitaine, et toutes les blessures faites à l'œuvre du congrès de Vienne ont été pour ainsi dire cicatrisées. Ce succès glorieux et inespéré, dû particulièrement aux efforts des armées autrichiennes, a été un hommage au principe sacré de la sainteté des traités, et un service rendu à la civilisation elle-même, qui ne peut se développer que sous l'empire incontesté des principes d'ordre et de justice ; mais si le droit est du côté des cabinets qui ont rétabli les traités, l'ordre peut-il se reconstituer d'une manière durable sur les bases posées en 1815 ?

Les hommes politiques en France et en Allemagne comprennent aujourd'hui qu'il faut remonter au delà du 24 février, pour trouver les causes du désordre qui trouble la paix intérieure des États ; et, dans cet examen du passé, il est bien peu de législateurs qui ne reconnaissent leur participation souvent involontaire, mais trop réelle, aux progrès de la révolution sociale qu'ils veulent arrêter au-

jourd'hui. Ils comprennent surtout qu'il est nécessaire d'en finir avec les principes de la révolution,
si on veut sauver la société des dangers qui l'entourent, et assurer les conquêtes que la civilisation
avait faites depuis plusieurs siècles.

Les diplomates doivent également comprendre
qu'ils ont des reproches à se faire dans les questions de droit public européen. Les plénipotentiaires du congrès de Vienne peuvent justement
s'accuser d'avoir eux-mêmes encouragé les usurpations révolutionnaires en consacrant, sous des noms
nouveaux, les usurpations accomplies depuis 1792;
et il est temps de reconnaître que, dans le droit des
gens comme dans le droit national, il faut établir
des principes inviolables et sacrés, sous peine de
voir la paix et la prospérité des peuples s'anéantir
dans une lutte incessante de vengeance et de répré-
sailles, qui mettent la souveraineté du fait accompli
au-dessus de la souveraineté du droit.

Mais sur quelles bases peut-on raffermir aujour-
d'hui l'édifice du droit public?

Disons-le d'abord, afin de simplifier cette première
question : il ne s'agit pas de procéder à une refonte
générale des traités de 1815. Le problème est moins
compliqué.

Le temps a donné à certains actes la sanction
que leur refusait en 1815 l'esprit de justice, et il
serait insensé de revenir sur les décisions que les

peuples eux-mêmes ont acceptées sans murmurer ;
leur assentiment tacite doit imposer silence à ceux
qui seraient tentés de leur donner des droits qu'ils
ne revendiquent pas. Il y a même des protestations
dont il n'est pas permis de tenir compte, lorsque les
événements en ont emporté le souvenir éphémère :
le monde marche, les idées se renouvellent, et les
intérêts du passé sont quelquefois confondus dans
les intérêts du présent.

Mais après avoir fait cette légitime part aux traités de 1815, il est juste de reconnaître la puissance
des souvenirs vivants dans l'esprit des peuples, et le
privilége des protestations courageuses et constamment renouvelées ; protestations qui révèlent plutôt
une réaction légitime qu'une tendance révolutionnaire ; et ici nous rencontrons, en faveur du droit
des nationalités, le jugement d'un écrivain peu
suspect. « Le plus grand malheur pour l'homme
« politique, a dit M. de Maistre, c'est d'obéir à une
« puissance étrangère ; aucune humiliation, aucun
« tourment de cœur ne peut être comparé à celui-
« là. » Plus loin il ajoute : « L'étranger qui vient
« commander chez une nation sujette, au nom
« d'une souveraineté lointaine, au lieu de s'infor-
« mer des idées nationales pour s'y conformer, ne
« semble trop souvent les étudier que pour les
« contrarier ; il se croit plus maître à mesure qu'il
« appuie plus rudement la main. »

On peut dire, avec M. de Maistre, que là où une
puissance reste étrangère aux idées nationales d'un
peuple, là où la fusion est devenue impossible, le
droit public a une mission à remplir; mission de
réparation et de justice, dont il serait facile de trouver des exemples dans ce qui a été fait pour la
Grèce et la Belgique. Il importe sans doute de résister à l'esprit de révolution, et de resserrer les liens
des peuples qui ont associé librement leurs destinées; mais il importe également de respecter le véritable esprit de nationalité, et d'écouter les vœux
des peuples qui demandent à s'affranchir du joug
d'une suzeraineté étrangère.

Lorsque tant de questions d'intérêt général ont
été soulevées, tant de faits accomplis en opposition avec les actes du congrès de Vienne, il est évident que les bonnes relations des États ne peuvent
plus reposer sur l'édifice des traités de 1815, et
qu'il faut à l'Europe civilisée une nouvelle charte
qui garantisse la sécurité de ses rapports et de ses
intérêts. Tel est le but que les gouvernements et
les peuples doivent se proposer, tel est le résultat
utile et glorieux auquel ils doivent concourir, non
dans des vues personnelles et intéressées, mais en
s'inspirant de la politique qui avait uni les souverains en 1815, et que l'empereur Alexandre résu-
mait au congrès de Vérone dans ces nobles paroles : « Il ne peut plus y avoir de politique anglaise,

française, russe, prussienne, autrichienne ; il n'y a plus qu'une politique générale qui doit, pour le salut de tous, être admise en commun par les peuples et par les rois. Il doit être permis aux rois d'avoir des alliances publiques pour se défendre contre les sociétés secrètes. Qu'est-ce qui pourrait me tenter? Qu'ai-je besoin d'accroître mon empire? La Providence n'a pas mis à mes ordres huit cent mille soldats pour satisfaire mon ambition, mais pour protéger la religion, la morale et la justice, et pour faire régner les principes d'ordre sur lesquels repose la société humaine (1). »

Si ces paroles étaient vraies en 1823, leur opportunité doit être plus évidente aujourd'hui. Ce n'est pas trop de l'union de tous les États pour lutter contre les ennemis de l'ordre social ; ce n'est pas trop du sacrifice des rivalités nationales pour assurer le triomphe de la religion sur l'athéisme, du droit sur l'usurpation, et de l'ordre sur l'anarchie.

Mais où est aujourd'hui le congrès souverain qui pourra discuter et résoudre ces grandes questions? Où est le pouvoir, non-seulement en France, mais dans le reste de l'Europe, qui aura assez de confiance dans sa durée pour prendre des engagements d'avenir?

Où est l'unité de principe qui permettra aux

(1) Congrès de Vérone, par M. de Chateaubriand, I, 222.

gouvernements de s'entendre sur un remaniement sérieux des traités de 1815?

A une époque où les guerres de religion avaient profondément bouleversé l'Europe et allumé dans le cœur des peuples des haines qui semblaient implacables, le congrès de Munster, soutenu par l'unité de principes politiques, qui régnait alors au sein des républiques comme au sein des monarchies, a pu désarmer ces haines et rétablir le calme entre les États.

Si la république française était fondée, comme l'était celle de Venise, sur le droit national et traditionnel, aucun roi de l'Europe, c'est-à-dire aucun gouvernement traditionnel, ne ferait difficulté d'ouvrir avec elle des négociations dont la nécessité est généralement reconnue. Mais, entre des États où le droit traditionnel est encore debout, et des États qui datent de la veille sans pouvoir compter sur un lendemain, une délibération touchant des intérêts si considérables est impossible. Sous l'influence fatale de cette situation révolutionnaire, la grande charte du droit international ne peut être revisée ; il est impossible de remonter à la source du mal, et de donner satisfaction aux réclamations légitimes des peuples qui souffrent du tort que leur a fait le congrès de Vienne. On est réduit à vivre au jour le jour, à chercher péniblement la solution des crises à mesure qu'elles se présentent, à épuiser

les trésors des peuples en armements considérables, et à recommencer l'œuvre laborieuse des
dix-huit années qui ont suivi la révolution de
1830.

Les questions les plus urgentes et les plus considérables sont ajournées ou compromises. La Suisse
s'agite et communique à l'Europe ses convulsions,
sans qu'on puisse s'opposer à cette contagion funeste. L'Allemagne cherche à se reconstituer sur
de nouvelles bases, et ce problème d'équilibre général menace d'être résolu contre la France et malgré elle. Si Rome salue avec enthousiasme le rétablissement de la papauté; si ce grand triomphe
de la politique traditionnelle de la France a été
obtenu, il ne faut pas oublier que cette politique
avait trouvé dans les conseils de la République un
légitime et courageux interprète; il ne faut pas
oublier que la constituante avait pris des résolutions favorables à la politique révolutionnaire, que
la valeur des troupes françaises a tranché la question, qu'une puissance mystérieuse a conduit les
événements; et, si on veut donner à ces victoires
imprévues leur véritable nom, il faut les appeler :
Gesta Dei per Francos.

Il serait injuste cependant de faire peser sur les
gouvernements la responsabilité de leur impuissance. Si la France pouvait lire sa correspondance
diplomatique depuis 1845, si elle pouvait voir

comment son influence, ses prétentions, son langage même ont décliné à chaque révolution, elle
comprendrait la cause invariable et fatale de sa décadence. Les archives de tous les cabinets pourraient offrir les mêmes enseignements aux autres
peuples, et leur apprendre comment ils ont eux-
mêmes, par leurs égarements, enlevé au présent
sa grandeur et à l'avenir ses espérances.

Non, ce ne sont pas les gouvernements, ce sont
les peuples qu'il est permis d'accuser aujourd'hui ;
ce sont les peuples qui interviennent dans le règlement de leurs affaires, et qui entendent veiller à la
défense de leur honneur et de leurs intérêts ; ce
sont les peuples qui s'appellent rois ; et, en présence des enseignements que nous donne l'histoire,
c'est aux peuples qu'il faut adresser aujourd'hui
ces paroles :

*Et nunc intelligite, erudimini, qui judicatis
terram !*

ÉPILOGUE.

Restaurer le droit divin dans l'ordre social, et le droit traditionnel dans l'ordre politique ; rétablir la force du droit partout où le droit de la force a prévalu, c'est peut-être le vœu secret de tous les bons esprits. Mais il en est qui ne croient pas trouver là le remède aux maux qui accablent la France et l'Europe, et le bouclier contre lequel viendront s'émousser les traits des nouveaux barbares qui assiégent les sociétés. D'autres prétendent qu'il est futile et téméraire de débattre les théories du droit social et du droit politique, quand l'ennemi est à nos portes.

Si l'on veut dire que l'Europe n'est pas en position de restaurer la force du droit sous l'influence des désordres du moment, et qu'il faut se borner à des entreprises plus modestes, nous pouvons rappeler que nous n'avons pas dit autre chose; mais il n'est pas moins nécessaire de chercher à quelles conditions le droit public européen peut être fondé d'une manière stable, afin que les cabinets ne sacrifient pas leur temps et leur puissance à des combinaisons qui ne pourraient avoir aucun avenir.

Si l'on veut dire que la France n'est pas encore préparée à une restauration des vrais principes d'ordre social et politique, et qu'il est impossible de les mettre en question sans les exposer à une défaite, nous répondrons que nous avons évité une discussion imprudente à ce sujet. Mais si l'on veut dire qu'il est hors de propos de chercher à rétablir l'unité de principes dans le parti de l'ordre, nous oserons affirmer qu'il n'y a pas de question plus opportune et plus urgente, et qu'il est impossible de donner une autorité efficace à l'union des partis, sans se préoccuper des vues et des arrière-pensées qui les divisent.

L'union, abstraction faite des principes! Est-ce que cette union n'existe pas? est-ce qu'on n'agit pas, en toute occasion, avec cet accord si désiré?

Avouons-le plutôt avec franchise, il y a plus d'un an que la majorité s'agite dans cette union factice :

quel fruit en a-t-elle recueilli? Qu'a-t-elle fait du 29 janvier et du 13 juillet 1849? Elle a vaincu, mais elle n'a pas su profiter de la victoire ; ou, pour mieux dire, elle ne l'a pas pu : l'union sans unité de vues a été impuissante et stérile, elle n'a pas fait reculer les ennemis de l'ordre ; on pourrait dire plutôt qu'elle leur a abandonné du terrain.

On s'étonne de la force des socialistes : c'est de la faiblesse des amis de l'ordre qu'il convient de s'étonner. Il y a toujours eu et il y aura toujours des esprits mécontents et des fauteurs d'insurrection, impatients de renverser l'ordre social et politique ; mais l'ordre a toujours eu également des partisans qui l'ont soutenu, et qui ont triomphé de ses ennemis. C'est la lutte du bien et du mal ; elle est aussi ancienne que le monde. Savez-vous pourquoi, aujourd'hui, les chances semblent défavorables aux gens de bien? C'est parce que les socialistes ont des armes, tandis que les amis de l'ordre n'en ont pas ; parce que les premiers sont dévoués à un principe de mal et de ruine, tandis que les seconds n'ont foi en aucun principe ; parce que les uns veulent résolûment la destruction de l'ordre établi, tandis que les autres ne savent pas ce qu'ils veulent. En un mot, parce que les socialistes veulent la fin et les moyens, c'est-à-dire le désordre par le désordre, tandis que les partisans de l'ordre veulent la fin sans les moyens, c'est-à-dire l'ordre sans un

19.

principe d'ordre. Nous avons dit qu'il y avait au sein du parti conservateur des hommes qui ont une foi sociale, seule contradiction absolue des hérésies socialistes, seule arme éprouvée pour combattre les ennemis de la société; des hommes qui ont une foi politique, et qui peuvent opposer un principe à un principe. Aurions-nous eu tort de montrer ces hommes et ces principes sous leur véritable jour, et d'apaiser d'injustes défiances? Pourquoi cette œuvre serait-elle inopportune? Est-ce au nom sacré de l'union qu'on viendrait nous reprocher d'offrir un terrain sur lequel l'union du parti de l'ordre peut être sincère, sérieuse et féconde? Est-ce qu'il existe un moyen plus loyal de la servir?

Quel moment, d'ailleurs, serait plus favorable pour encourager cette union? La Providence semble avoir voulu elle-même aplanir les voies.

Le parti qui a succombé devant la révolution de février dit aujourd'hui, de cette surprise et de ce désordre, ce que nous avons dit constamment de la révolution de juillet. Il pense du dogme de la nécessité, invoqué par M. de Lamartine pour expliquer sa défection, ce que nous avons toujours pensé de ce même dogme, invoqué, il y a vingt ans, par M. de Broglie. Les ambitions personnelles, les illusions de l'amour-propre, les préjugés de naissance et d'éducation, auraient-ils donc le pouvoir de diviser indéfiniment des hommes qui tiennent aujourd'hui le même langage sur des questions si fondamentales? Est-ce qu'il faut encore de nouveaux coups d'État de la Providence et de nouveaux malheurs, pour inspirer une juste confiance dans les principes sociaux et politiques dont l'épreuve a été si favorable au développement de la civilisation? La France peut compter assurément sur Celui qui la protége ; mais il ne faut pas qu'elle reste sourde à tous les avertissements.

On comprend jusqu'à un certain point qu'un homme d'État, à une époque où le doute et le désordre règnent dans tous les esprits, se croie réduit à apporter de simples *palliatifs* aux souffrances de son pays, à l'exemple de Solon qui donnait aux Athéniens les *meilleures* lois qu'ils *pussent* supporter. Mais il est également permis d'espérer que la France demandera tôt ou tard des *remèdes efficaces* : et où voulez-vous qu'elle les trouve, à quel signe pourra-t-elle reconnaître les vrais moyens de salut, si le parti de l'ordre ne les a pas écrits sur son drapeau?

A l'œuvre donc ceux qui ont vu la vérité sociale et politique ! à l'œuvre ceux qui connaissent les remèdes efficaces ! Qu'ils aient le courage de leur opinion ; qu'ils osent confesser leur foi devant ceux qu'ils ont contribué à égarer ! Plus l'exemple viendra de haut, plus il sera entraînant. Jamais il ne sera plus nécessaire de ressusciter, en France, la foi de Jeanne d'Arc, car l'ennemi du dehors donne toujours la main à l'ennemi du dedans. Jamais l'occasion ne sera plus belle et plus décisive pour les hommes de cœur et pour les bons citoyens, car il s'agit du salut de la patrie et de la civilisation !

APPENDICE.

PREMIÈRE PARTIE.

N° 1.

Les assemblées de 89, 90 et 91, commençaient déjà à tomber dans les contradictions, comme on le verra dans le titre suivant, où le droit de révision semble à la fois limité et illimité. On y trouve le droit traditionnel et le droit révolutionnaire confondus.

TITRE VII.

De la révision des décrets constitutionnels.

Art. 1er. L'Assemblée nationale constituante déclare que la nation a le DROIT IMPRESCRIPTIBLE DE CHANGER SA CONSTITUTION; et néanmoins, considérant qu'il est plus conforme à l'intérêt national d'user seulement, par les moyens pris dans la constitution même, du droit d'en réformer les articles dont l'expérience aurait fait sentir les inconvénients, décrète qu'il y sera procédé par une assemblée de révision, en la forme suivante :

2. Lorsque trois législatures consécutives auront émis un vœu uniforme pour le changement de quelque article constitutionnel, il y aura lieu à la révision demandée.

3. La prochaine législature et la suivante ne pourront proposer la réforme d'aucun article constitutionnel.

4. Des trois législatures qui pourront par la suite proposer quelques changements, les deux premières ne s'occuperont de cet objet que dans les deux derniers mois de leur dernière session, et la troisième à la fin de la première session annuelle, ou au commencement de la seconde.

Leurs délibérations sur cette matière seront soumises aux mêmes formes que les actes législatifs ; mais les décrets par lesquels elles auront émis leur vœu ne seront pas sujets à la sanction du roi.

5. La quatrième législature, augmentée de deux cent quarante-neuf membres élus en chaque département, par doublement du nombre ordinaire qu'il fournit pour sa population, formera l'assemblée de révision.

Ces deux cent quarante-neuf membre seront élus après que la nomination des représentants au corps législatif aura été terminée, et il en sera fait un procès-verbal séparé.

L'assemblée de révision ne sera composée que d'une chambre.

6. Les membres de la troisième législature qui aura demandé le changement, ne pourront être élus à l'assemblée de révision.

7. Les membres de l'assemblée de révision, après avoir prononcé tous ensemble le serment de *vivre libres ou mourir*, prêteront individuellement celui de SE BORNER *à statuer sur les objets qui leur auront été soumis par le vœu uniforme des trois législatures précédentes ; de maintenir au surplus, de tout leur pouvoir, la constitution du royaume, décrétée par l'Assemblée nationale constituante aux années* 1789, 1790 *et* 1791, *et d'être* EN TOUT FIDÈLES A LA NATION, A LA LOI ET AU ROI.

8. L'assemblée de révision sera tenue de s'occuper ensuite, et sans délai, des objets qui auront été soumis à son examen : aussitôt que son travail sera terminé, les deux cent quarante-neuf membres nommés en augmentation se retireront, sans pouvoir prendre part, en aucun cas, aux actes législatifs.

N° 2.

Nous croyons devoir réunir ici quelques documents qui justifient ce que nous disons de l'esprit religieux de Washington. Il sera même intéressant de voir comment il a pu arriver à des extrémités qui exciteraient chez nous de justes réclamations.

Ordre du jour de Washington à son régiment.

Le colonel Washington a remarqué que les hommes de son régiment sont très-irréligieux et relâchés dans leurs mœurs. Il saisit cette occasion pour leur faire connaître le profond déplaisir que lui font éprouver de pareilles habitudes, et les assurer que, s'ils ne s'en départent pas, leur punition sera sévère. Les officiers sont invités, s'ils entendent un soldat jurer ou employer un terme d'exécration, à condamner le coupable à *recevoir immédiatement vingt-cinq coups de fouet, sans qu'il soit nécessaire pour cela de convoquer une cour martiale. Si la faute se renouvelle, elle sera châtiée encore avec plus de rigueur.*

Ordre du jour du 17 décembre 1777.

C'est demain le jour marqué par l'honorable congrès pour des actions de grâces à rendre publiquement à Dieu. Le devoir nous appelant tous à exprimer humblement notre reconnaissance envers la Providence, qui a tant de fois béni nos drapeaux , le général ordonne que l'armée restera dans les quartiers qu'elle occupe, et invite les chapelains à célébrer le service divin pour les différents régiments et brigades; *il exhorte instamment tous les officiers et soldats* dont l'absence n'est pas indispensable, *à assister avec recueillement à cette solennité.*

Circulaire de Washington aux gouverneurs d'États , au sujet du licenciement de l'armée (8 juin 1783).

Je forme le vœu ardent que Dieu vous garde, vous et l'État que vous dirigez, sous sa sainte protection ; qu'il entretienne dans le cœur des citoyens l'esprit de *subordination et d'obéissance* envers le gouvernement, une affection fraternelle envers tous leurs compatriotes des États-Unis en général , et particulièrement envers ceux de leurs frères qui ont servi, sur le champ de bataille, la cause de la liberté ; enfin , qu'il veuille bien disposer notre cœur à l'amour de la justice, au goût de la miséricorde, pour que nous pratiquions cette charité , cette humilité , cette douceur qui forment *les attributs caractéristiques du divin Auteur de notre sainte religion : car il n'y a pas d'exemple qu'une nation puisse être heureuse, si elle n'observe humblement ces règles et ne se pénètre de ces vertus.*

DEUXIÈME PARTIE.

N° 3.

L'importance des questions soumises au congrès de Vienne se trouve expliquée par l'énumération même contenue dans un document intitulé *Note semi-officielle sur la marche des congrès*. Nous y trouvons les détails suivants :

« Les congrès avaient eu pour but de terminer, par un traité de paix, des conflits prêts à éclater ou des luttes déjà engagées.

« Le congrès de Vienne a trouvé la paix faite, et les puissances qui y étaient représentées avaient à s'entendre sur des questions dont la solution avait été préparée d'avance.

« Les objets à traiter au congrès étaient :

« Le rétablissement général ou partiel de la Pologne comme État indépendant ;

« Le sort du royaume de Saxe et de quelques autres États d'Allemagne ;

« La constitution fédérative des États d'Allemagne et leurs constitutions particulières, principalement par rapport à l'établissement d'un système représentatif ;

« Le sort et les limites de la Belgique ;

« Le sort des divers États de l'Italie ;

« Les prétentions de l'Espagne aux duchés de Parme et de Plaisance ;

« La restitution d'Olivença demandée par le Portugal ;

« L'organisation de la Suisse ;

« L'abolition de la traite des nègres ;

« Des mesures à prendre contre les pirateries des États barbaresques. »

———

N° 4.

Traité conclu à Chaumont, le 1er mars 1814.

S. M. I. et R. A. l'empereur d'Autriche, roi de Hongrie et de Bohême ; S. M. l'empereur de toutes les Russies , S. M. le roi du royaume-uni de la Bretagne et de l'Irlande , et S. M. le roi de Prusse, ayant fait parvenir au gouvernement français des propositions pour la conclusion d'une paix générale, et désirant, en cas que la France refusât les conditions de cette paix , resserrer les liens qui les unissent pour la poursuite vigoureuse d'une guerre entreprise dans le but salutaire de mettre fin aux malheurs de l'Europe, d'en assurer le repos futur par le rétablissement d'un juste équilibre des puissances ; et voulant en même temps , *si la Providence bénissait leurs intentions pacifiques*, déterminer les moyens de maintenir contre toute atteinte l'ordre de choses qui aura été l'heureux résultat de leurs efforts, sont convenus de sanctionner par un traité solennel , signé séparément par chacune des quatre puissances avec les trois autres , ce double engagement :

Art. 1er. Les hautes parties contractantes s'engagent solennellement l'une envers l'autre , par le présent traité, et pour le cas où la France refuserait d'accéder aux conditions de la paix proposée, de consacrer tous les moyens de leurs États respectifs à la poursuite vigoureuse de la présente guerre contre elle, et de les employer dans un parfait concert, afin de se procurer à elles-mêmes et à l'Europe une paix générale , sous la protection de laquelle *les droits de la liberté de toutes les nations puissent être établis et assurés.*

Déclaration à Vitry, du 25 mars 1814.

La déclaration du 25 mars 1814, datée de Vitry , disait que les souverains étaient éloignés de toute vue d'ambition et de conquête , animés du seul désir de voir l'Europe reconstruite sur une juste échelle de proportion entre les puissances... Qu'il était temps que les princes pussent, sans influence étrangère , veiller au bien-être de leurs peuples ; que les nations respectassent leur indépendance réciproque ; que les institutions sociales fussent à l'abri des bouleversements.

N° 5.

Traité de la Sainte-Alliance.

Au nom de la très-sainte et indivisible Trinité :

LL. MM. l'empereur d'Autriche , le roi de Prusse et l'empereur de Russie , par suite des grands événements qui ont signalé en Europe le cours des trois dernières années, et principalement des bienfaits qu'il a plu à la divine Providence de répandre sur les États dont les gouvernements ont placé leur confiance et leur espoir en elle seule , ayant acquis la conviction intime qu'il est nécessaire d'asseoir la marche à adopter par les puissances, dans leurs rapports mutuels, sur les vérités sublimes que nous enseigne l'éternelle religion du Dieu sauveur :

Déclarent solennellement que le présent acte n'a pour objet que de manifester à la face de l'univers leur détermination inébranlable de ne prendre pour règle de leur conduite , soit dans l'administration de leurs États respectifs , soit dans leurs relations politiques avec tout autre gouvernement , que les préceptes de cette religion sainte ; préceptes de justice , de charité et de paix, qui, loin d'être uniquement applicables à la vie privée , doivent au contraire influer directement sur les résolutions des princes , et guider toutes leurs démarches , comme étant le seul moyen de consolider les institutions humaines et de remédier à leurs imperfections.

En conséquence, LL. MM. sont convenues des articles suivants :

Art. 1. Conformément aux paroles des saintes Écritures, qui ordonnent à tous les hommes de se regarder comme frères, les trois monarques contractants demeureront unis par les liens d'une fraternité véritable et indissoluble ; et, se considérant comme compatriotes, ils se prêteront, en toute occasion et en tout lieu, assistance, aide et secours : se regardant envers leurs sujets et armées comme pères de famille, ils les dirigeront dans le même esprit de fraternité dont ils sont animés pour protéger la religion, la paix et la justice.

2. En conséquence, le seul principe en vigueur, soit entre lesdits gouvernements, soit entre leurs sujets, sera celui de se rendre réciproquement service, de se témoigner par une bienveillance inaltérable l'affection mutuelle dont ils doivent être animés ; de ne se considérer tous que comme membres d'une même nation chrétienne, les trois princes alliés ne s'envisageant eux-mêmes que comme délégués par la Providence pour gouverner trois branches d'une même famille, savoir : l'Autriche, la Prusse et la Russie ; confessant ainsi que la nation chrétienne, dont eux et leurs peuples font partie, n'a réellement d'autre souverain que Celui à qui seul appartient en propriété la puissance, parce qu'en lui seul se trouvent tous les trésors de l'amour, de la science et de la sagesse infinies, c'est-à-dire Dieu, notre divin Sauveur Jésus-Christ, le verbe du Très-Haut, la parole de vie.

LL. MM. recommandent, en conséquence, avec la plus grande sollicitude à leurs peuples, comme unique moyen de jouir de cette paix qui naît de la bonne conscience, et qui seule est durable, de se fortifier chaque jour davantage dans les principes et l'exercice des devoirs que le divin Sauveur a enseignés aux hommes.

3. Toutes les puissances qui voudront solennellement avouer les principes sacrés qui ont dicté le présent acte, et reconnaîtront combien il est important au bonheur des nations, trop longtemps agitées, que ces vérités exercent désormais sur les destinées humaines toute l'influence qui leur appartient, seront reçues avec autant d'empressement que d'affection dans cette sainte alliance.

Fait triple, et signé à Paris, l'an de grâce 1815, le 14/29 septembre.

Signé François.

Frédéric-Guillaume.

Alexandre.

On ne connut ce traité que par la publication que lui donna l'empereur Alexandre le jour de Noël 1815 (6 janvier 1816), en le faisant imprimer avec cette formule : « *Conforme à l'original.* Alexandre. »

N° 6.

En définitive, il n'y eut de véritablement arrêté, entre les souverains et les diplomates assemblés avec tant de fracas sur l'Adige, que le projet d'envoyer des dépêches aux représentants des alliés à Madrid. Ces dépêches devaient être mises sous les yeux du gouvernement espagnol : dans le cas où elles seraient méprisées, les envoyés des puissances alliées auraient ordre de demander leurs passe-ports. C'est à cette démarche inoffensive, laquelle ne paraît mener à rien, que se réduisit cette fameuse *intervention du congrès de Vérone*, dont on a fait tant de bruit.

(Voyez, pour le texte de ces dépêches, le *Congrès de Vérone*, t. I, p. 129 et suiv.)

FIN.